人工智能

商业应用路线图

[美] 杰弗里·L. 康威德克（Jeffrey L. Coveyduc） 著
杰森·L. 安德森（Jason L. Anderson）

王文彬　王丹阳　译

ARTIFICIAL INTELLIGENCE FOR BUSINESS
A ROADMAP FOR GETTING STARTED WITH AI

清华大学出版社
北京

北京市版权局著作权合同登记号 图字：01-2021-5174

Jeffrey L. Coveyduc，Jason L. Anderson
Artificial Intelligence for Business：A Roadmap for Getting Started with AI
EISBN: 978-1119651734

Copyright © 2020 by John Wiley & Sons, Inc. All Rights reserved.

Original language published by John Wiley & Sons, Inc. All Rights reserved.
本书原版由 John Wiley & Sons, Inc. 出版。版权所有，盗印必究。

Tsinghua University Press is authorized by John Wiley & Sons, Inc. to publish and distribute exclusively this Simplified Chinese edition. This edition is authorized for sale in the People's Republic of China only (excluding Hong Kong, Macao SAR and Taiwan). Unauthorized export of this edition is a violation of the Copyright Act. No part of this publication may be reproduced or distributed by any means, or stored in a database or retrieval system, without the prior written permission of the publisher.

本中文简体字翻译版由 John Wiley & Sons, Inc. 授权清华大学出版社独家出版发行。此版本仅限在中华人民共和国境内(不包括中国香港、澳门特别行政区及中国台湾地区)销售。未经授权的本书出口将被视为违反版权法的行为。未经出版者预先书面许可，不得以任何方式复制或发行本书的任何部分。

本书封面贴有 Wiley 公司防伪标签，无标签者不得销售。

版权所有，侵权必究。举报：010-62782989，beiqinquan@tup.tsinghua.edu.cn。

图书在版编目（CIP）数据

人工智能：商业应用路线图 /（美）杰弗里·L. 康威德克 (Jeffrey L. Coveyduc)，（美）杰森·L. 安德森 (Jason L. Anderson) 著；王文彬，王丹阳译 . —北京：清华大学出版社，2022.7
（新时代·科技新物种）
书名原文：Artificial Intelligence for Business：A Roadmap for Getting Started with AI
ISBN 978-7-302-59413-0

Ⅰ. ①人… Ⅱ. ①杰… ②杰… ③王… ④王… Ⅲ. ①人工智能－应用－商业经营 Ⅳ. ① F715-39

中国版本图书馆 CIP 数据核字 (2021) 第 281151 号

责任编辑：刘 洋
装帧设计：方加青
责任校对：宋玉莲
责任印制：丛怀宇

出版发行：清华大学出版社
    网　　址：http://www.tup.com.cn, http://www.wqbook.com
    地　　址：北京清华大学学研大厦 A 座　　　　邮　编：100084
    社 总 机：010-83470000　　　　　　　　　　邮　购：010-62786544
    投稿与读者服务：010-62776969, c-service@tup.tsinghua.edu.cn
    质 量 反 馈：010-62772015, zhiliang@tup.tsinghua.edu.cn
印 装 者：小森印刷霸州有限公司
经　　销：全国新华书店
开　　本：170mm×240mm　　印　张：12.5　　字　数：176 千字
版　　次：2022 年 7 月第 1 版　　印　次：2022 年 7 月第 1 次印刷
定　　价：79.00 元

产品编号：089487-01

内 容 简 介

  本书涵盖人工智能商业实施流程的各个方面，意在为读者提供通俗易懂的路线图，指导读者对人工智能技术的应用进行整体规划，实现组织管理。本书共分为 8 章，按照流程的先后顺序编排，每一章都详细介绍了应用人工智能过程中的一个特定步骤，循序渐进地引导读者了解使用人工智能技术的全过程，从最初的构思、定义项目，到数据管护与治理、原型制作，再到最终的生产，直至迈入人工智能生命周期模式。各章节的内容联系紧密、清晰易读，并通过独具匠心的结构安排，帮助读者充分认识人工智能所具有的优势以及实施过程中需避开的隐患，且贴心地附上了简明的行动清单。本书是有志于在商业世界中应用人工智能技术的管理者的必备指南。

前　言

人工智能（artificial intelligence，AI）已经全面深入我们的日常生活，大多数人每天都不自觉地应用这一技术。无论是与苹果手机助手Siri那样的人工"实体"互动，还是浏览网飞的节目推荐，我们正在越来越多地应用机器学习的各种功能。然而，人工智能的间接应用更为广泛，每一次我们在刷信用卡购物的时候，人工智能欺诈检测系统都会进行审核，以更好地保护客户的财产。每一天，高级物流调度软件将上亿的包裹运送到世界各地，几乎没有中断。据称仅电商巨头亚马逊一家，在Prime的帮助下，其2017年运送的包裹数量高达50亿件（参见businesswire.com/news/home/20180102005390/en/）。过去的几十年间，我们亲眼见证了人工智能系统和机器学习技术的发展，没有它们的进步，上述的各种商业活动也就无法达到如此宏大的规模。

历史上，这些人工智能系统一般是由雇主花大价钱聘请技术娴熟的程序员夜以继日地开发出来，供公司内部所用。如今，情况已大不相同。诸如IBM、谷歌、微软等公司现在提供"即付即用（pay-as-you-go）"的人工智能服务，极大地降低了人工智能的使用门槛。例如，上述各家公司均提供"语音转文字"和"文字转语音"的服务，每次使用时仅需支付很低的费用，就能轻松建立起语音界面。这为小型公司提供了机遇，让它们能够花费较少的资金引入人工智能方案，进而为其公司带来更丰硕的成果。正如上文提到的，消费者每天都在与人工智能进行互动，因此当品牌采用并引入更多的人工智能技术时，消费者也将感觉更舒适、更易于接受。对于所有开始踏上人工智能应用之旅的现代公司而言，应用这些组件也是明智的选择。

那么这些公司该如何起步呢？我们在与客户在人工智能领域合作的过程中，发现他们普遍面临这一问题。这些组织的意见领袖们对应用人工智能充满干劲，但是缺乏"如何做"的方法和整体的方向。在与IBM Watson客户参与中心以及全球各地的客户打交道的日常工作中，我们反复看到上述情形。客户们跃跃欲试，希望将人工智能系统融入自己的商业模型中，也明白这将让他们收益良多。他们所需要的仅仅是一种进入该领域的方法。在参加各种科技大会和会面的过程中，我们也有相同的经历。供应商现在提供的基于云端的人工智能技术很容易获得，技术上的阻碍也大大减少了，但进行整体规划所带来的挑战仍然限制了很多公司对人工智能的采用。只有拥有一份好的路线图，才可以从容地开启这一旅程。正因如此，我们编写了本书，希望能够提供相关知识，帮助你在自己的组织中成功地应用人工智能技术。翻开本书，你就已经踏出了第一步。

本书不仅会帮助你应用和理解新兴的人工智能技术，还将提供应用人工智能技术所需的工具，这将为你的业务带来深远的影响。也许你会发现一些新的潜在的节约成本的机会，也许人工智能技术将使你的业务与众不同，从而进入新的市场开展竞争。尽管近些年来，人工智能的应用更为广泛，地位更高，但在我们看来，每个领域仍有巨大的空间有待开拓。这正是其伟大之处——借助跨学科的方式，人工智能技术的应用可以遍及各个领域。它发展得越快，所能做到的事情也就越多。所以，亲爱的读者朋友，我们唯一的请求，就是在起步之时保持开放的心态。如果没有路线图，我们在此为你提供。祝愿你在路线图的指引下，成功地将人工智能技术用于组织，收获更多的价值。

致 谢

本书的完成有赖于以下各方的倾力相助：
- 我们所有的人工智能专家，感谢他们倾囊奉献相关知识，勾画出人工智能的概况；
- 尼克·泽菲林（Nick Zephyrin），感谢他出色的编辑工作，让本书内容更为顺畅；
- 威利（Wiley）公司的出版团队，感谢他们帮助我们出版本书，并送到世界各地的读者手中；
- 我们各自的家人，特别是我们的爱人戴妮丝（Denise）和丽比（Libby），感谢她们对我们的事业自始至终给予的支持；
- 我们所有的朋友，尤其是珍·英格力士（Jen English），她阅读了早期的书稿，并持续为我们提供反馈意见；
- IBM公司和Comp Three公司，感谢它们为我们提供了大量学习和受教育的机会。

目 录

第 1 章 引言 1

    案例研究 #1：发那科公司 2
    案例研究 #2：布洛克税务公司 4
    案例研究 #3：贝莱德公司 4
    如何开始 5
    前方之路 9
    注释 10

第 2 章 构思 11

    人工智能入门 11
    成为注重创新的组织 20
    想法库 22
    绘制业务流程图 23
    流程图、标准操作程序和你 24
    信息流 25
    提出想法 26
    价值分析 27
    整理和筛选 29
    排序和分类 30
    审核想法库 32

头脑风暴和偶然相遇	33
人工智能的局限性	35
隐患	38
行动清单	39
注释	40

第3章 定义项目 41

项目计划的内容、原因和方式	42
项目计划的组成部分	43
分解项目的方法	46
项目可衡量性	54
平衡计分卡	55
构建人工智能项目计划	56
隐患	58
行动清单	60

第4章 数据管护与治理 61

数据收集	63
利用现有系统的力量	69
数据科学家的角色	70
反馈环路	71
数据可访问化	72
数据治理	73
你做好数据准备了吗？	77
隐患	78
行动清单	81
注释	81

第 5 章　原型制作　　83

是否有现成的解决方案？　　83
雇佣人才还是签约人才　　85
Scrum 概述　　87
用户故事的优先次序　　89
开发反馈环路　　90
设计原型　　91
技术选择　　92
云应用程序编程接口和微服务　　95
内部应用程序编程接口　　96
隐患　　97
行动清单　　98
注释　　99

第 6 章　生产　　101

原型再利用还是从零开始　　101
持续集成　　102
自动化测试　　107
确保人工智能系统的稳健　　111
人工智能系统中的人工介入　　112
确保原型技术具有可扩展性　　114
云部署范式　　116
云应用程序编程接口的服务级别协议　　117
继续反馈环路　　118
隐患　　118
行动清单　　119
注释　　120

第 7 章　随着人工智能生命周期实现蓬勃发展　　121

　　纳入用户反馈　　122
　　人工智能系统学习　　124
　　新技术　　125
　　量化模型性能　　127
　　更新并审核想法库　　129
　　知识库　　130
　　建立模型库　　131
　　共促源代码开放　　136
　　数据改进　　138
　　能力越强，责任越大　　139
　　隐患　　140
　　行动清单　　142
　　注释　　142

第 8 章　结论　　143

　　智能商业模型　　144
　　简要回顾　　144
　　还在等什么呢？　　147

附录 A　人工智能专家　　149

　　人工智能专家　　149
　　克里斯·安克森（Chris Ackerson）　　149
　　杰夫·布拉德福特（Jeff Bradford）　　152
　　纳森·S. 罗宾逊（Nathan S. Robinson）　　154
　　伊芙琳·杜斯特瓦尔德（Evelyn Duesterwald）　　156
　　吉尔·奈修（Jill Nephew）　　158

拉胡尔·阿科尔卡（Rahul Akolkar） 162
史蒂夫·弗洛里斯（Steven Flores） 165

附录 B　路线图行动清单　169

第 1 步：构思 169
第 2 步：定义项目 169
第 3 步：数据管护与治理 170
第 4 步：原型制作 170
第 5 步：生产 171
随着人工智能生命周期实现蓬勃发展 171

附录 C　要避开的隐患　173

第 1 步：构思 173
第 2 步：定义项目 174
第 3 步：数据管护与治理 177
第 4 步：原型制作 180
第 5 步：生产 182
随着人工智能生命周期实现蓬勃发展 183

第1章

引　言

　　当今时代,我们所用的一切皆被嵌入了代码。无论是洗衣机,还是汽车,只要是在过去10年间制造的,里面都可能含有代码。实际上,"物联网(Internet of Things,IoT)"一词的出现,意味着连接到互联网的并不完全是计算机的设备。虽然这些物联网设备上的代码不断升级迭代,变得越来越智能,但是设备本身却不具备自主学习的能力,程序员不得不将每一个新的特性或决策编入模型中。这些程序无法从错误中学习,而人工智能的进步将使这个问题得到解决,不久我们就会拥有这样的设备:它们既可以从人类创造者的输入中学习,又可以从自身的错误中学习。现在,我们被代码所包围,在不久的将来,我们将被嵌入的人工智能实体所包围。这将是更新升级的宏大机遇,实现更多的便利和更高的效率。

　　在过去,公司可能通过自己或借助外部供应商来安装软件项目,但如今的人工智能项目却有自己独特的运行模式,一旦模式处理不当,就可能导致项目失败。要想成功,好的想法和好的执行缺一不可。遵循本书所列路径,你将踏上有效管理人工智能项目的轨道,同时也将为进入智能系统时代做好准备。人工智能极有可能成为下一个技术前沿,为了充分利用这一机遇,今天夯实基础已势在必行。

　　每个组织都是不同的,所以请记住千万不要僵化教条地应用书中所述技术，否则，就犹如给你的组织穿上紧身衣，不仅活动不便，更会感到窒息。我们在编写本书时的心态是希望为你提供最佳的实践方法。尽管最佳实践在大多数情况下都会奏效，但在考虑自己组织转型的具体情况时，保持专注和灵活也非常重要。因此，你必须判断我们提出的每条建议是否适合你。毕竟没有放之四海而皆准的解决方案，尤其是在像人工智能这样不断演进的领域。

在人工智能技术最近一次大发展之前，许多组织已经成功实施了智能解决方案。这些组织中的大多数都遵循了类似于我们将在本书中描述的应用路线图。看看其中几个组织，了解一下它们实施了什么，并评估它们现在获得的益处，会让我们更具洞察力。当你阅读这些组织的故事时，请记住，我们将在本书中更详细地探讨每种方法的各个方面。

案例研究 #1：发那科公司

科幻小说所描绘的工厂完全是自己运转，不断监控并调整其投入和产出以获得最大的效益。可以根据销售需求进行即时订购的工厂，能够预测维护需求的传感器，以及将停机时间和维修成本降至最低的能力——这些不再是幻想小说中的概念。借助现代传感器和人工智能软件，建立此类高效、自给的工厂已经成为可能。与10年前的工业传感器相比，如今开箱即用的物联网设备能够更好地进行监控。这种准确性和连接性的飞跃提高了生产门槛，工业自动化达到了前所未有的规模。

工厂机器人制造商日本发那科公司（FANUC Corporation）[1]在这方面堪称模范。在它们自己的工厂里，机器人用最少的人工干预制造其他机器人。人类工人专注于管理工作，而机器人则是在黑暗中被制造出来。"熄灯操作"（lights-out operations）这一行业说法被赋予了全新的含义，该词最初指服务器在黑暗的数据中心独立运行，而不是指带有移动部件的机器人的运转。发那科公司投资了首选网络公司（Preferred Networks Inc.），从它们自己的机器人中收集数据，使其比以往任何时候都更加可靠和高效。从混有大小不一的零件的箱子中拣选零件一直是传统编码难以解决的问题,然而,借助人工智能,发那科经过大约 5 000 次测试,终于将零件识别和拣选的准确率稳定在 90%。即使是少量代码,都可以使这些机器人实现公司先前无法实现的目标,这再次证明了人工智能在工业环境中的强大功能。发那科和首选网络公司利用了自动化工厂给它们提供的源源不断的数据流,这突出说明了数据收集和分析对工厂项目的成功至关重要。发那科智能边缘连接和驱动(FANUC Intelligent Edge Link & Drive,FIELD)系统,是该公司将要在以后使用深度学习模型时来实施的数据收集解决方案。人工智能箱内分拣(Bin-Picking)产品所依赖的模型正是在 FIELD 项目所收集的数据基础上创建的。这些数据收集流程是需要自动化的工业过程的关键所在。

发那科还针对大多参数无法手动微调的情况开发了深度学习[2]模型,这些模型所包括的人工智能伺服调谐(servo-tuning)流程,使加工流程实现了此前难以企及的高精度和高速度。不久的将来,你的苹果手机外壳很可能是使用类似于图 1.1 那样的机器制造的。

如今,大多数工厂只需对它们的流程稍加修改,就能够利用这些科技实现进步。对于任何工厂,这都将成倍地提升产出。

图 1.1　发那科公司的机器人示例[3]

案例研究 #2：布洛克税务公司

布洛克税务公司（H&R Block）是一家位于美国的公司，专门提供税务筹划服务。为每一位客户确定他们能够减免的最高税款金额，是该公司确保客户满意的方式之一。有些减税直观清晰，比如房主能够扣除其主要居所的抵押贷款利息；但有的减税可能取决于某些客户特定的变量情况，比如纳税人的居住状态。如果要求同时考虑客户的多种变量情况，比如有多种收入来源的纳税人也有多种个人减税方式，可能会进一步增加减税的复杂性。这样，即使对经验丰富的税务专业人士来说，确定某一位客户的减税上限也十分困难。布洛克公司看到了利用人工智能技术来帮助其税务筹划员优化服务的机会。为了推进人工智能应用过程，布洛克公司，利用它的 Watson 技术，与 IBM 公司开展合作。[4]

当客户走进布洛克公司，税务筹划员会与他们进行友好的谈话："去年您经历过什么具有人生转折意义的大事吗？""您是否购买了房屋？"等。在交谈过程中，税务筹划员会把对话中的相关细节录入计算机系统，供以后参考。如果客户提到在去年购买了房屋，就表明他们今年有可能获得抵押贷款利息减税的资格。

布洛克公司可以利用人工智能编辑、交叉引用并分析所有这些记录。它利用自然语言处理（natural language processing，NLP）技术来确定每条记录的核心意图，并将这些记录输入人工智能系统，系统便会自动识别出可以减免的税项。然后，系统向税务专业人员提供所有潜在的相关信息，以确保没有遗漏任何减税的机会。最后，税务专业人员和客户都可以更为自信地说，所有适用的减免税项都被找到了。

案例研究 #3：贝莱德公司

金融市场是数据的温床。对于上市的大多数金融工具（股票、期权、基金等），它都可以准确、实时地收集其数据，也可以从分析报告和文章等资料中收集整理元数据（有关数据的数据）。由于需要传送每天生成的大量信息，就产生了像彭博（Bloomberg）这样专业的数据流提供商。在现有的大量数据，以及实现趋势预测、增长估计且日益精确的风险评估的可能性的基础上，金融业实施人工智能项目的时机已经成熟。

贝莱德公司（BlackRock, Inc.）是全球最大的资产管理公司之一，它部署了阿拉丁（Aladdin）[5]软件，"阿拉丁"这个名字是资产（Asset）、负债（Liability）、债务（Debt）、衍生品（Derivative）和投资网络（Investment Network）首字母的缩写。该软件可以计算风险，分析财务数据，支持投资运营并提供交易执行。阿拉丁的主要优势是可利用大量数据得出风险模型，使用户对部署投资和对冲更有信心。该项目始于约20年前，也一直是贝莱德增长的主要驱动力之一。2018年，在阿拉丁及其他数字财富产品的推动下，贝莱德的技术服务收入增长了19%。[6]现在全球有25 000多名投资专业人士和1 000多名开发者在使用阿拉丁，管理大约18万亿美元的资产。[7]阿拉丁通过运用应用数学和数据科学将人工智能的组件嵌入自身。

贝莱德目前正在建立一个实验室，以进一步研究人工智能在分析风险和生成数据流中的应用。由于人类可以筛选的数据量有限，因此大量的生成数据使得分析人员的工作愈加困难。贝莱德首席运营官罗布·戈德斯坦（Rob Goldstein）期望人工智能实验室帮助贝莱德提高运作的整体效率。[8]欧洲产品策略主管大卫·赖特（David Wright）表示，通过将大数据应用于现有的数据库，贝莱德能够产生更高的阿尔法系数，从而实现高于其他投资组合经理所取得的超额收益。凭借阿拉丁生成的优质数据和足够先进的人工智能算法，贝莱德可能会成为风险和投资组合分析领域的领导者。

如何开始

人工智能应用之旅定会为你的组织的思维方式和走向未来的方式带来重大变化。这一旅程将包括应用新的方法改进流程，有助于你发现部署人工智能的新方式，这可以节省成本并带来新机会。

对于任何值得付出努力的工作，我们都必须为如何达成目标而制订计划。在这里，目标就是应用人工智能技术来改善我们的组织。虽然实现这一目标的具体计划情况可能会因组织而异，但都需要包含以下主要步骤（见图1.2）。

图1.2　人工智能应用路线图

1. 构思

任何技术应用之旅的第一步都必须从构想和确定动机开始。在本章中，我们将深入回答诸如"你正在试图解决什么问题""你的组织现在运行得如何""你认为你的组织如何从人工智能技术中受益"等问题。回答此类问题有利于建立明确的目标，继而开启你的人工智能之旅。当然，要正确回答这些问题，还需要对人工智能技术有一个总体了解，对此我们将在下一节中介绍。

2. 定义项目

在你确定使用人工智能技术能够帮助改进组织或解决某个商业问题之后，一定要有一个希望达成的明确目标。然后，你将具体描述计划实现哪些改进、或者试图解决哪些问题，这要以项目计划的形式表现出来。这份计划可以作为项目实施的指导性文件。运用设计思维、德尔菲法

（Delphi method）和系统规划等有条理的技术，可以更容易地制订计划，并确保你的项目合理可行。

用户故事也将是项目计划的一大部分。用户故事作为一种将项目分解为有价值的功能块的好方法，对用户、系统将为用户提供的功能、功能将为组织提供的价值三者进行定义。清晰的用户故事还可以量化结果，从实证角度确认成功与否。有了这些成功标准，更容易知道我们何时实现用户故事的目标，并且更便于向每个参与者传达明确的行动方案。在这里明确具体是关键。

3. 数据管护与治理

数据对于每个人工智能系统都至关重要。系统的好坏与用于构建它的数据密切相关。因此，对所有可能供你使用的数据来源进行评估是很重要的。无论是内部收集和存储的数据，还是外部许可的数据，都是如此。

确定好数据后，你就可以利用技术来进一步提高数据的质量并训练人工智能系统。众包是改善现有数据的一种有价值的工具，像 Apache Hadoop 这样的数据平台有助于整合多种来源的数据。数据科学家是协调这一过程和确保成功的关键。数据质量在很大程度上决定项目的成功，因此必须选择现有的最佳数据。"垃圾进，垃圾出"这句老话也同样适用于人工智能。

4. 原型制作

定义好计划和数据之后，就可以开始构建系统的初始版本了。与任何项目一样，最好采用迭代方法。在原型制作这一步，要选择用例的子集来证实想法。这样你就可以在大量投入之前，看到是否能达成期望值。如果你发现有什么问题，这一步还能让你及早调整方法。开发原型会以实际的结果帮助你看到在前面的步骤中所定义的想法和计划是否可行。如果不可行，那么就要利用从原型制作中获得的知识对之前的想法和计划进行调整，避免建立完整的系统而造成投资浪费。

在原型制作阶段，期望务必切合实际。对于大多数人工智能系统，它们会随着更多的数据和参数调整进入而改进，所以随着时间的推移，你的期望也应不断改进。幸运的是，可以实证测量精确率和召回率等指标，并用这些指标来跟踪这种改进。同时，我们也将介绍更多数据无法解决问题的情况，同时介绍一些可以采用哪些其他技术继续改进系统。

5. 生产

有了成功的原型，你就能看到这项技术的实际价值。现在是时候进一步投资和完善你的系统了。此时，最好重新审视你的用户故事并统筹计划，确定优先事项是否发生了改变。然后，就可以构建生产系统了。

生产这一步骤是将原型转化为成熟的系统的过程，包括进行技术评估、建立用户安全模型以及构建测试框架。

技术评估

在原型制作阶段，开发人员选择适合原型的技术，包括使用易于使用的技术和语言。这样可以在投入大量时间和金钱之前迅速确定项目的可行性，从而降低风险。在生产这一步骤中，也要对技术的其他方面进行评估。例如，技术能否扩展以支持大量的用户或数据？技术是否会得到长期的支持，并且具有足够的灵活性以便根据要求进行更改？如果不是，原型的一些部分可能需要重建以改进适应性。

用户/安全模型

在原型阶段，项目通常仅在锁定的开发计算机或内部服务器上运行。尽管原型制作需要一些安全保障，但通常不需要高级别的安全性，因为这只会减缓原型制作过程。整合组织的用户目录[单点登录（single sign-on，SSO）]和权限结构之类的工作是生产过程的部分内容。

测试框架

为了确保代码质量，测试框架应该与生产代码一起构建。测试可以确保代码基础不会因为添加新代码而退化。开发团队甚至可以应用一种叫作测试驱动开发（test-driven development，TDD）的"测试优先"方法，以确保所有的代码片段在开始实施之前都已编写了测试。如果使用测试驱动开发的方法，开发人员只要编写出足够测试通过的代码就可以了，所重复的开发周期将非常短。这样，测试就可以反映所需的功能性，而编写代码是为了实现那种功能性。

随着人工智能生命周期实现蓬勃发展

一旦你应用了人工智能技术，你的组织也认识到人工智能技术带来的好处，那么就该切换到生命周期模式了。此时，你需要在不断寻找改进方法的同时，维护人工智能系统。这意味着你要利用系统使用数据来改进机器学习模型或者关注最新的技术产品发布。也许你实施的人工智能模式也可以在组织的其他部分中使用。另外，你需要将在第一个人工智能系统的实施过程中获得的知识保存好，以供未来的项目使用。正如我们将在本书中讨论的那样，你可以以组织模型库里的条目或者经验教训文档的形式对其进行保存。

前方之路

在技术日新月异的时代，在组织中应用人工智能技术可能会让人感到是一项艰巨的任务。本书的主要思想是让你认识到人工智能的所有好处和隐患，以便能够清楚地区分它们并指引自己走向成功。犯错误在所难免，但不犯大错，并迅速改正错误，便可从挫折中站起，获得成功。为了将犯错的概率降到最低，我们在每章结尾列出了与每个步骤相关的常见隐患，以便你能注意并规避它们。本书具有充分的计划性和前瞻性，会让你获得必要的工具，助力你的组织在应用人工智能的过程中大获成功。

注释

1. https://preferred.jp/en/news/tag/fanuc/
2. http://www.bloomberg.com/news/features/2017-10-18/this-company-s-robots-are-making-everything-and-reshaping-the-world
3. http://en.wikipedia.org/wiki/File:FANUC_R2000iB_AtWork.jpg
4. http://www.hrblock.com/tax-center/newsroom/around-block/partnership-with-ibm-waton-reinventing-tax-prep/
5. http://www.blackrock.com/aladdin/offerings/aladdin-overview
6. http://ir.blackrock.com/Cache/1001247206.PDF?O=PDF&T=&Y=&D=&FID=1001247206&iid=4048287
7. http://www.institutionalinvestor.com/article/b1dn-7pgfhbxpsg/BlackRock-s-Aladdin-Adds-Alts-Power
8. http://www.ft.com/content/9ab2d910-1816-11e9-9e64-d150b3105d21

第 2 章

构 思

人工智能入门

数字计算机的演进可以追溯到19世纪，19世纪是蒸汽机和大型机械的时代。查尔斯·巴贝奇（Charles Babbage）就是在那个时代为制作差分机草拟了笔记。[1]差分机是一种自动计算器，可以在二阶导数的规律下运作，从给定的方程中计算出一系列的值。这项突破为现代计算机的发展铺平了道路。发明差分机之后，巴贝奇将注意力转向求解更多的方程以及给予他的机器编程能力。他的新机器被称为分析机。

计算时代另一位关键人物是艾达·洛夫莱斯（Ada Lovelace）。她为帮助理解分析机做了大量的笔记。[2]由于她的贡献，她被普遍认为是世界上第一位程序员。尽管她错误地否定了计算机具有创造性和决策能力，但却最先正确地指出计算机可能是广义数据处理机，这正是我们今天的看法。

艾伦·图灵（Alan Turing）在他介绍图灵实验（Turing test[3]）的开创性论文中，直面洛夫莱斯的反对，认为分析机具有"图灵完全"（Turing complete）的特性，类似于当今的编程语言，只要有足够的空间和时间，就可以通过编程来完成图灵实验。图灵进一步声称，洛夫莱斯和巴贝奇没有义务描述计算机能实现的一切。

同样在这篇论文中，图灵还构建了图灵测试（又称"模仿游戏"），这是一种游戏，两个玩家 A 和 B 试图在性别方面欺骗第三个玩家 C。多年来，这个游戏已经被修改为"标准的"图灵测试，即 A 或 B 中一个是计算机，另一个是人，而 C 必须确定哪个是计算机，哪个是人（见图 2.1）。图灵通过这个游戏试图回答的关键问题就是："机器能以与人类无差别的方式用自然语言进行交流吗？"[4] 图灵假设机器可以使用教导孩子所使用的同样的技术来学习新东西。该论文非常准确地推断出这些会思考的机器实际上将成为黑盒（black boxes），因为它们偏离了计算机编程常规范式。截至本书撰写之时，图灵测试仍然没有被突破，但我们正在努力突破这项测试，以奔向智能发展新阶段。虽然许多聊天机器人声称能够突破这项测试，但是如果不作弊，也不使用技巧和黑客手段（这些无法保证结果长期正确），图灵测试就不会被突破。

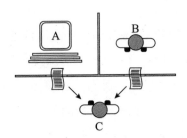

图 2.1　图灵测试的标准解释[5]

从最初的分析机和"机器会思考吗？"这一简单的问题算起，现代人工智能已经发展了很长一段时间。如今，我们拥有的人工智能产品可以用来理解短信的情感与语气，确认图像中的物体，快速检索成千上万的文件，和我们用自然语言几乎完美地交谈。人工智能已经成为我们手机中的神奇助手，我用自然语言对其进行提问，其将作出解读，并用同样的语言作出答复，而非仅仅向我们展示一个网页的结果。在下一节，我们将简要介绍一下现代人工智能的现状及其当前具备的一系列能力。

自然语言处理（natural language processing，NLP）

早在人工智能还只是一个概念的时候，最令世人渴望的技术就是能让机器和人类自如地对话。图灵实验测试了计算机与人"交谈"的能力，并让其误认为正在和另一个人谈话。自然语言处理是人工智能的一个分支，探讨的是计算机以自然语言理解和表达自我的能力。事实证明，这是特别困难的，因为人类的对话因语境而有不同的含义，这无法明确传达，只能"意会"。计算机不善于处理这种定义模糊的问题，因为它们依赖定义明确、无歧义且清晰的程序来工作。例如，在计算机内部没有获取完整的历史文献资料的情况下，计算机很难理解"it is raining cats and dogs（下起倾盆大雨）"这句话。对我们来说，即使之前没有意识到这句话的含义，这样的句子也是可以理解的，因为我们可以通过生活的整体语境来判断下动物雨是不可能的。

程序化的自然语言处理

第一批聊天机器人和自然语言处理程序使用技巧和黑客手段将人类语言翻译成计算机指令。伊莉莎（Eliza）是人们认为的最早的几个具有智能语音能力的程序之一，尽管它带有一定的局限性。该程序由麻省理工学院（MIT）人工智能实验室的约瑟夫·魏泽堡（Joseph Weizenbaum）在20世纪60年代编写完成。伊莉莎旨在通过重复用户所说的话并对他们进行回复来模仿心理治疗师。这样一来，计算机似乎可以进行智能对话，但事情显然并非如此。20世纪80年代还出现了其他形式的自然语言处理技术；它们都是基于文本的冒险游戏。这些游戏理解某一组动词——比如go（去）、run（跑）、fight（打架）和eat（吃）——并纯粹基于语言分析修改对它们的反馈。这是通过将冒险游戏所理解的一组单词映射到基于关键词执行的函数来实现的。将单词储存在内存中的局限性在于，这些早期的自然语言分析器并不能理解所有事情，并且返回了很多错误结果，因而上述幻想很快就破灭了。

程序化的自然语言处理是一种利用编程技术分析自然语言的方法，辅以程序可以执行的单词词典，它采用正则表达式（regular expressions，regex）来进行字符串分析。正则表达式与指定的模式匹配，程序基于从句子中收集的信息调整控制流，舍弃除了主词以外的所有内容。例如，下面就是一个简单的正则表达式，其可以被用来确定可能的疾病名称：

```
diagnosed with \w+
```

本例为"diagnosed with"（被诊断为）后面跟有一个单词的短语，其中的单词是某疾病的名称，比如"diagnosed with cancer"（被诊断为癌症）。如果要识别包含多个单词的疾病名称，比如"diagnosed with scarlet fever"（被诊断为猩红热），就需要一个更为复杂的正则表达式。对正则表达式的全面讨论超出了本书的范畴，如果你想了解更多，可参阅杰弗里·弗里德尔（Jeffrey Friedl）的《精通正则表达式》（*Mastering Regular Expressions*[6]）一书。

虽然我们所讨论的技术在分析一种语言时可以取得惊人的效果，但在广泛应用中很快就会出现不足，因为会被提供程序的词典用尽。这正是人工智能大显身手的地方，它可以远远超越那些传统的方法。尽管自然语言要遵循语法规则，但它们所遵循的规则不是普遍的，因此在一个地区有意义的东西在另一个地区可能并不成立。语言会发生很大的变化，因为它们是一个流动的概念；语言中不断增加新词，古老的习语和词汇都被淘汰，语法规则也在发生变化。这使得语言成为随机建模以及其他统计分析的"最佳人选"，包含在"用于自然语言处理的机器学习（machine learning for natural language processing）"的涵盖性术语之下。

统计化的自然语言处理

我们所描述的技术在范围上仅限于通过分析可以实现的内容。当这些技术被应用于更长的对话或者像百科全书那样更大的文本，抑或只是关于某种疾病（比如前文提到的例子）的文献资料时，结果也不令人满意。因此，在试图理解一个文本时，需要一种学习新概念的方法，就像人类做的那样。这种方法必须能够像人类一样，在遇到生词时可根据上下文理解其含义。虽然能够自动构建词典并及时根据上下文进行必要检索的人工智能实体还要若干年才能出现，但是我们可以通过统计分析来改进文本的程序化分析。

对于几乎所有基于人工智能的自然语言分析器来说，算法中都有一些关键步骤：标记化和密钥、术语频率—反向文档频率（term frequency-inverse document frequency，tf-idf）、概率和排名。分析句子的第一步就是分块（chunking）。分块是基于预定标准分解句子的过程；例如，一个词或多个词按照主语—副词—动词—宾语的顺序排列，等等。每个这样的语块都被称为标记（token）。第二步是分析标记集，舍弃重复项。这些独特的语块是文本的"密钥"。标记及其唯一密钥是概率分布和更详细地理解文本的组件。第三步是识别标记的频率分布和训练数据中的密钥。文本中每个密钥出现次数的直方图可以用来绘制数据，从而更好地实现数据的可视化。利用这些频率，我们可以得出在文本中一个单词后面跟着另一个单词的概率。一些单词比如"a"和"the"使用得最多，而其他诸如名字、专有名词和行业术语则使用得较少。单词在文档中出现的频率称为词频（term frequency），同一单词在不同文档中出现的频率称为反向文档频率（inverse document frequency）。反向文档频率有助于减少常用词（如"a"和"the"）的影响。

机器学习

机器学习是对通过早期数据的统计概括产生新见解的技术进行粗略分类。机器学习算法通常通过使惩罚最小化或奖励最大化来工作。函数、参数和权重组合在一起，共同构成机器学习模型。机器学习技术可分为三大类：监督学习、非监督学习和强化学习。监督学习是构建人工智能模型最常见的技术类型，而非监督学习多用于识别输入中的模式。在训练阶段，对于训练数据集中每一个回答错误的答案，监督学习会为其计算成本。基于这个误差估计，对函数的权重和参数进行递归调整，最终得到的通用函数能够匹配训练问题，其答案具有较高可信度。这个过程称为反向传播（back propagation）。在非监督学习中，仅提供一个没有任何对应答案的数据集，目标是找到通用函数以更好地描述数据。有时，非监督学习也用于简化提供给监督学习模型的输入流。这种简化降低了监督学习本身的复杂性。在监督学习中成本和误差被定义为两个函数，在强化学习中，根据所采取的行动，成本是任意分配的。这样的成本需要使类似的任意奖励最小化或最大化。在下面的例子中：

`Raw Data: [fruit: apple, animal: tiger, flower: rose]`

监督学习将获得数据集的全部内容，并使用答案（比如"apple is a fruit"）来自我测试。在非监督学习中，只有以下数据会被提供给算法：

`[apple, tiger, rose]`

然后算法会在给定的数据中找到一个模式。强化学习可以让计算机猜测名词的类型，用户会对每个正确/不正确的猜测给予相应的奖励/惩罚。

马尔可夫链（Markov chains）

在数学中，随机过程是一个随时间变化的随机变量。如果这个随机变量具有马尔可夫性质（Markov Property），就可以对其建模。马尔可夫性质表明，变量的状态只受当前状态的影响；如果知道当前状态，就能以相当高的精确度预测未来状态。马尔可夫链的工作原理基于马尔可夫性质：通过逐步"猜测"下一个单词，可以形成一个句子，然后句子共同构成一个段落，依此类推。马尔可夫链使用术语频率—反向文档频率来估计接下来出现的每个单词的概率，然后选择概率最高的单词。由于对术语频率—反向文档频率的依赖度很高，马尔可夫链需要大量的训练数据才能达到准确无误。马尔可夫模型的参数化和合理开发至关重要。事实证明，这种统计方法比语法规则建模更好。该模型的变体包括平滑频率和允许模型访问更多的数据。尽管马尔可夫链非常迅速，与传统方法相比可以提供更好的结果，但是它也有其局限性，即无法针对特定主题生成较长形式的连贯文本。

隐马尔可夫模型（Hidden Markov Model）

隐马尔可夫模型是一种具有"隐含"程序状态的模型。常规模型以确定性方法运作，隐马尔可夫模型则不然，它具有无限状态的可能性，并且能够比常规的马尔可夫模型获得更多的信息。隐马尔可夫模型最近又有了新的发展,它与Word2vec(由Google开发)等技术相结合,可以创建单词嵌入。尽管如此,将随机过程应用到语言中仍有严重的局限性,即使隐藏马尔可夫模型可能有更多的参数值。与传统模型一样,隐马尔可夫模型也需要大量的数据才能达到较高的准确度。神经网络可以与较小的数据集一起使用,具体如下所述。

神经网络

神经元是大脑中进行决策的最小生物单位。虽然目前还无法在计算机上创建出和生物神经元完全一致的模型,但我们已近似模拟出它们的运作方式。在神经网络里,神经元连接在一起,接受一些输入并对其进行操作,然后生成某种输出。输出是由数字神经元的"触发"决定的。神经网络可以像单个节点一样简单(见图2.2),也可以包含多个神经层,每层包含多个神经元(见图2.3)。由于单个模型可能包含大量的神经层,这种基于神经网络的方法也称为深度学习(deep learning)。深度学习是一种可视为人工智能的机器学习方式(见图2.4)。

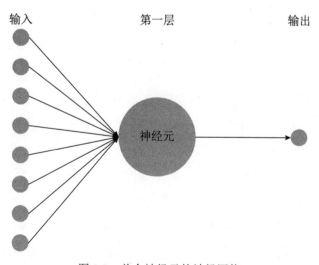

图2.2 单个神经元的神经网络

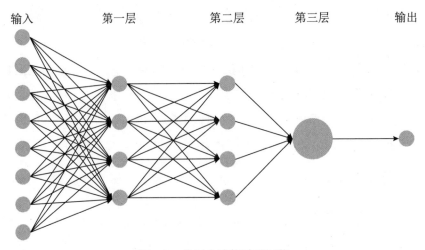

图 2.3 多层全连接神经网络

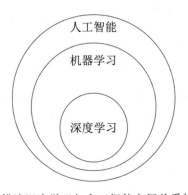

图 2.4 描述深度学习与人工智能之间关系的维恩图

深度学习的一个使用实例是创建能够根据提示从头开始创建新句子的神经网络。在这种情况下，神经网络就是一个概率计算器，对一个词放在句子中能"讲得通"的概率进行排序。单个神经元使用最简单的神经"网络"的形式，可以问它正在生成的新句子中的下一个词是什么，并且根据训练数据，回复关于下一个词的最佳猜测答案。

词不是直接存储在神经元的内存中，而是通过词嵌入（word embedding）将其编码和解码为数字。编码过程将单词转换为更容易为计算机所操作的数字，而解码过程则将数字转换回单词。这种具有单个神经元的简单句子生成模型几乎不能用于任何真正的应用程序。在实践中，神经元的数量将与所分析文本的复杂度和预期输出的质量成正比。添加更多的神经元（无论是在同一层还是通过添加额外层）并不会自动使神经网络变得更好。改善神经网络的技术将根据手头的问题而有所不同，并且需要根据意外结果调整模型。实际实施中将有多个神经元，每个神经元都有特定的权重；神经元的权重将决定神经网络的最终输出结果。这种在训练阶段通过查看输出结果来调整权重的方法称为反向传播神经网络（back propagation neural network）。

如果我们把从神经元接收到的输出结果再通过它传回去，有可能会更好地分析和生成数据。递归神经网络（recursive neural network，RNN）的工作原理即是如此，递归地进行多次传递，将输出结果作为输入反馈给神经元。事实证明，与传统的神经网络相比，递归神经网络在理解和生成大量文本方面有更好的表现。长短期记忆（long short-term memory，LSTM）神经网络是对递归神经网络的进一步改进。长短期记忆神经网络也能够记住以前的状态，然后根据这些状态输出答案。长短期记忆网络也可以用类似门的结构进行微调，这种结构能够限制神经元输入和输出某种信息。这些门使用逐点乘法来决定有或没有信息通过门进入。门由"S"形神经网络层操作，该层判断每个数据点，以确定门应该打开还是关闭。更多变化包括允许门查看神经元的输出，然后进行判断，从而立即修改输出。

聊天机器人和文本生成器是使用基于自然语言处理的神经网络最多的地方。语音识别是用到这种神经网络的另一个领域。亚马逊的Alexa使用的就是长短期记忆神经网络。[7]

图像识别/分类

图像包含大量的数据，每个像素的排列和组合都会使输出结果发生巨大的变化。通过添加一个减少输入数据量的卷积层，我们可以对图像进行预处理，以减少输入量，从而减少扫描和理解较大图像所需的计算能力。就图像处理而言，至关重要的是不要忽略整体状况——我们无法从单个像素得知正在看的是飞机图像还是火车图像。卷积过程在数学上的定义是指一个函数的形状如何影响另一个函数。在卷积神经网络（convolutional neural network，CNN）中，最大池化和平均池化在卷积过程之后也会应用，以进一步减少参数并归纳数据。这种经过处理的图像数据，随后被输入全连接的神经网络进行分类。事实证明，卷积神经网络在图像识别方面非常有效，简化的参数设置有助于制作更为简单的模型。

成为注重创新的组织

随着科技的迅猛发展，创新将成为决定未来企业成败的关键因素。在市场交易中注重创新的公司，将能够扭转格局。这种先发优势只有通过对创新的不懈追求和对新理念的严格实践才能实现。使用人工智能进行创新还可以节约成本，提高财务竞争力，使企业在市场竞争中出奇制胜。组织应该建立适当的流程和激励措施来鼓励员工以培育一种创新的文化。

构建创新文化虽然不容易，但是做得得当，会产生非常好的结果。对于创新，你的组织在政策上应该是鼓励而不是限制。积极进取的员工队伍是创新思维的基石。反之，如果员工缺少动力、不思进取，成天就只想着如何混日子，而不考虑如何提高所在系统的效率，就会成为创新的阻碍。

IBM公司开创性地提出"星期五思考"（Think Fridays）的概念，鼓励员工在周五下午开展自我发展和个人研究项目。[8] IBM公司因此成为最具创新性的公司之一，在2018年连续第26年成为美国年度获得专利数量最多的实体公司。[9]

谷歌公司有一个20%规则，即允许员工利用工作时间的20%开发一些与公司战略相一致的个人项目。[10]这意味着谷歌的员工每周都可以将相当于一天的时间用于自己选择的项目。这种振奋人心的福利极大地激发了员工们的灵感和热情，而谷歌也注重维护员工们创造的知识产权。众所周知，Gmail和Google Maps都是来自20%规则中的项目，其如今是各自领域内引领行业的谷歌产品。

实际上，并不是每个组织都需要像谷歌那样开放，但哪怕是企业给予5%的自由时间也会产生很大影响，因为员工会利用这段时间专注于业务革新，并提高对工作的创新水平。确保员工得到充分授权和激励是一项极为重要的任务，这会给他们提供更新和调整工作流的机会。

注重培养员工创造力的组织更有希望获得成功。它将在同行中率先开发并实施某种解决方案，直接影响关键指标、节省时间和金钱。如果对现有的业务流程进行改进，可能实现效率和生产率提高80%到90%的重大转变。实现这种转变的关键在于让员工们有时间自由地思考。每个员工都是自己工作领域内的专家。如果能将这种个人化的知识转化为组织共享的知识，那么可以激发出大量有价值的想法。

创新应该成为现代组织发展的首要任务。创新优先的核心本质是使企业适应不断发展变化的技术环境。一个拒绝创新的企业将会慢慢衰退直至消亡。

有一种组织固执地相信"需要是所有发明之母"的口号，这种组织将永远落后于同行，因为它们是被动地而非主动地适应市场环境。显然，这样的组织将永远落后于技术发展曲线。但采取这种战略还是有一些好处的。例如，跟在技术发展后面可以避免早期使用新技术者所犯的种种错误，并从中汲取教训。这样组织会避免使用那些被放弃的短期的、临时的技术，不会发生项目在部分实施后被搁置的情况，从而免受损失。

与以上组织不同，有一种组织渴望变革，这种组织尽可能地尝试使用人工智能和机器人等新技术。这种主动策略所产生的回报，可能会远远大于跟在技术发展后面的组织所获得的回报，也将引领组织达到新的高度。然而，这种现代企业需要谨慎地控制和管理变革成本。它要冒着预算超支的风险，面临可能被完全淘汰的灾难性后果。因此，要采取反馈环路、多元化和变革管理等策略，尽量减少错误所带来的成本，所有这些我们都将在接下来的章节中进行详细讨论。

这条不断创新和学习之路是适应现代社会的最明智的选择。如果仅在技术变革成为行业标准之后才被动地作出反应，那将极大地阻碍组织的发展。

想法库

组织的记忆可能变化无常。为了推动创新型组织的发展，应当对"想法库"（idea bank）进行维护。想法库储存的是所有已收到但尚未实施的想法。它包含组织的前进路线，可能还有许多公司的内部机密，所以需要得到充分的监控和保护。尽管如此，创新焦点小组仍有权对库中的想法进行增补和删除。

组织应该指定一组管理者将持续关注创新作为其工作的一部分。被选入这一小组的成员要代表所有的部门。创新焦点小组应定期（每周、每月或每季度）召开会议，在会上审查其他员工的新建议，以及从其他利益相关者（如供应商和客户）那里收到的反馈和建议。该小组对管护和审核想法库负有正式责任。

组织中所有级别的人都应该向想法库提交想法，他们各自的负责人要先对想法进行过滤。纳入想法库的最终决定权要留给创新焦点小组。这样，想法库在保持质量的同时，还能为实施组织工作方式的变革提供丰富的潜在想法。如果提交的想法得到执行，员工也应该得到相应的奖励，这样他们将更加积极主动地提交和实施想法。

获准入库的想法应该清楚完整，以便即使在提出者不在场的情况下也能找到并执行其提案。要定期对想法库进行系统的审查，以确定哪些想法能够立即实施。表2.1是一个想法库的样例。

表 2.1 想法库样例

想　　法	影 响 预 估	投 资 预 估	提 交 者
自动化风险评价	收入增加 20%	3 个月 10 万美元	玛格丽特·彼得森，首席执行官
人工智能支持聊天机器人	节省 30% 支持预算	6 个月 25 万美元	马洛里·麦克弗森 - 威汉，客服经理
制造工作流自动化	提高生产效率 10%	2 周 5 万美元	扎克·木村，工程主管
广告渠道优化	减低所需广告预算 10%	2 个月 10 万美元	迈克·拉恩，社交媒体营销

绘制业务流程图

绘制业务流程图在帮助识别可实施自动化或实行改进的任务方面具有重要的价值。每个业务流程都应该有一个明确的起点和终点，所以流程图也应该包括完整流程所要遵循的详细步骤。流程图和决策树可以用来绘制组织内的流程及其流向。此外，要记录从一个步骤移到下一个步骤所花费的时间。这种额外监控有助于识别流程中存在的任何瓶颈。另一种可以用来帮助绘制流程图的文档是组织中每个人的工作及其目标的详细列表。

谁？什么？怎样？为什么？对每个流程提出这四个问题将确保绘制流程图能够获得所需要的全部数据。这些问题看似简单，却可以生成复杂的答案，而这些答案正是发现和填补空白所必需的。要递归地提出问题，不断深入研究每个答案，以确保生成所有必要的信息。举个例子，让我们从商店层面开始绘制百货连锁的详细信息：

- 谁控制商店？
  - 商店经理
    - 谁控制商店经理？
      - 其要向财务副总裁汇报
    - 商店经理在商店内部控制什么？
      - 处理相关的申报进口/出口和货物请购
    - 商店经理如何控制商店？
      - 使用10年前编写的定制软件
    - 为什么商店经理要控制商店？
      - 确保公司财产不被盗或不被滥用
- 商店里有什么？
  - ……
- 它是如何到达那里的？
  - ……
- 为什么需要它？

■ ……

我们在起草组织流程图、信息流程图和职责的时候，上述示例包含了关键问题的答案。图2.5通过提供系统中的参与者和他们扮演的角色之间的交互图来启动这一流程。例如，10年前的软件是否仍然能够满足商店的需求而尽量不发生服务中断？

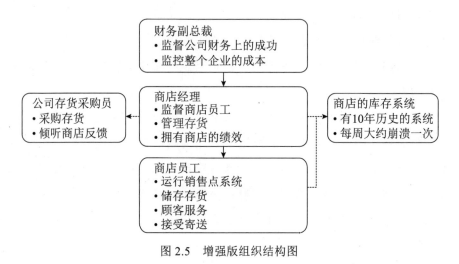

图 2.5 增强版组织结构图

流程图、标准操作程序和你

根据目前收集到的信息，我们可以着手绘制组织流程图。组织流程图是一种有用的工具，可用于查看组织中当前所遵循的流程。标准操作程序（standard operating procedure，SOP）文档非常适合与手册一起使用，以帮助跟踪整个组织中的信息流和数据流，但是标准操作程序的作用毕竟有限。在使用它的同时，开展访谈并对流程进行直接观察，会让你对标准操作程序产生的偏差和边缘情况形成更为深刻的了解。举个例子，某组织可能有以下标准操作程序：

助理营销经理管护销售所需的数据，填写发票申请表，并将数据和表格通过电子邮件发送给他们的经理和会计，经营销经理和他们自己的经理批准后,会计开具发票。

这项政策在实际当中会遇到许多例外情况。如果助理休假,营销经理可以自己发送数据,有时会计可能只根据收到的电子邮件编制发票,而没有发票申请表的副本。这种实际的细微差别只能通过面谈和对实际工作进行审查来确定。在这种情况下,标准操作程序完全适合使用自然语言处理来实现自动化,或者通过允许直接进入系统以使用更加结构化的表格来实现自动化,从而自动实现会计的职能。这种系统要求管理者出具书面同意书,否则就不会打印发票,如果实施得当,将会加强内部控制。

信息流

在你的想法探索工具箱中,另一个重要工具是跟踪整个组织中的信息和数据流。对跨不同部门传递何种数据以及如何处理这些数据进行跟踪,会让你对工作重复以及许多其他效率问题产生新的见解。有的流程存在多年,可能来回传递大量的信息,但附加价值极小。对这些数据流绘制流程图,你就能够想象出组织的整体情形(见图2.6和图2.7)。将整个业务看作一个数据处理单位是很有益处的,其中外部信息是输入,而发送到外部的内部信息和报告是最终输出。例如:

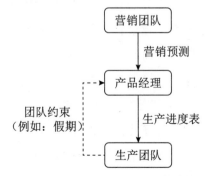

图 2.6 应用人工智能系统之前的信息流

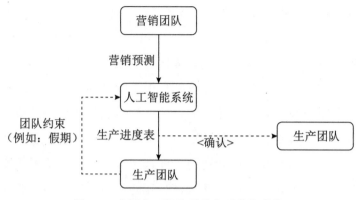

图 2.7　应用人工智能系统之后的信息流

生产团队从生产经理那里收到生产进度表。生产经理利用营销团队所作的预测来制定生产进度表。

在这种情景下，可以利用人工智能的营销预测以及对生产团队的约束自动制定生产进度表。这样，效率就得到提高，生产经理可以腾出时间去从事更高价值的活动。

提出想法

一旦确立了程序流程图、时间表、信息流和职责，就可以对这些丰富的数据进行分析，并从现有的设置中产生关于如何改进它的想法。如果发现差距，则应该采用行业最佳的做法。要对每个流程进行分析以获得信息，比如内部和外部利益相关者的附加价值、花费的时间、所需的数据、数据的来源，等等。目的是找到可以改进的流程，并做出实质性的改进，从而证明为改进而进行投资的合理性。

在你开始探索想法时，需要注意的是：当你拿着一把锤子，所有的东西看起来都像钉子。所以要留意不要选择不需要任何升级的流程进行改进。琐碎无聊的升级流程可能会导致灾难性的后果；对于每一个新流程，修改都伴有成本。在对流程进行彻底检查以确定任何将要被增加或减少的价值时，详细的成本效益分析必不可少。这将确保对流程的删除或修改不会完全削弱某个必要的价值，否则可能会导致业务失败。

价值分析

人工智能可以极大地改变组织运作的效率水平。为公司的各个利益相关者绘制出所有业务流程，并进行价值分析，将有助于你分离出需要使用人工智能系统进行修改的流程。在这里，"价值"在很大程度上是一个主观概念，只需要为直接受到影响的利益相关者所共同拥有即可。然而，在制定决策时，我们必须同时考虑内部利益相关者和外部利益相关者。例如，虽然你的公司的纳税申报对你的客户没有直接价值，但是它对于维持业务和避免出现滞纳金至关重要。因此，纳税申报具有重要的影响，可看作对政府利益相关者"有价值"。企业的主要利益相关者可分为五类：

- 客户
- 供应商
- 员工
- 投资者
- 政府

每个利益相关者都期望从企业中获得价值。以最低的成本为每个利益相关者提供最大的价值，以便企业保持偿债能力，这符合企业的最佳利益。

对现有流程的调查通常是从访谈开始，然后是为用户要完成的流程绘制流程图。为了使各个利益相关者获得价值，需要对流程图中的每一步进行评估。记住，这里的"价值"并不仅仅指货币价值。例如，某些流程可以在控制结构、防止欺诈或滥用公司资源方面提供价值。这样的流程需要保留，即使流程本身可能不会产生任何经济收入。关键在于要确保成本的合理性和每个流程的必要性，同时要记住，"价值"可以有多种不同的表现形式，它取决于特定利益相关者的利益。

价值分析将有助于确定可以在主要方面进行彻底检查的流程。如果某个流程给客户（利益相关者）增加的价值少得可怜，那么就应该将它删除。如果觉得某个流程可以改进，就应该将它添加到想法库中。给利益相关者增加价值可视为识别和标记流程的关键因素。正确完成像交付和装运这样的流程，可以为最终客户增加相当大的价值。毕竟，交付是客户在完成购买后从你的组织获得的初次体验之一。第一印象确实重要，它能够赢得顾客对企业的一些好感。

对于企业实施的所有流程来说，完成这一价值确定过程可能要花费很长的时间。在这方面，整个业务流程清单应该基于某种可行的指标进行细分，该指标要覆盖从下到上的整个流程，并且应该对每个部分都进行分析。例如，对于生产产品的公司，可以根据采购、预算、销售等对流程进行细分。

价值分析示例

Widgets 公司在其网站 Widgets.com 上销售数千种产品。首席执行官注意到，在收到新产品之后，大约需要两天时间才能上线，于是便要求首席技术官起草流程图，找出流程中存在的瓶颈和耗时部分。首席技术官收到任务后，开始检查公司记录中列出的每个有问题的流程。为了给每个流程创建详细的流程图，首席技术官使用培训手册、系统文档和企业资源规划流程等一些文档。流程手册通常是使用对流程的理论描述而不是实际描述来创建的，因此这些记录可能不能反映每个员工工作的真实情况，它们所提供的关于特定流程功能性的数据可能还带有误导性。鉴于此，首席技术官对所检查的每个流程中的员工进行了访谈，并且将任何差异和每一步实际花费的时间都与流程图所列内容进行了对照标记。这一流程图的示例如图 2.8 所示。

首席技术官注意到，在第 5 步（营销添加内容和标签），每个产品平均花费 4 个小时。这其中涉及多项审批，而审批者通常只负责确保内容与产品大致匹配以及不会在任何方面冒犯到用户。

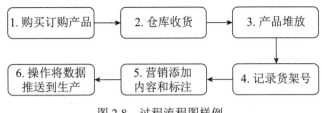

图 2.8 过程流程图样例

首席技术官把调查结果提交给首席执行官：

> 对于在网站上推出的每个新产品，产品标注和分类是一个问题，大约需要花费 4 个小时。自然语言处理和人工智能可以帮助我们缩短 80% 的时间。程序会首先基于人类生成的数据进行学习，并在前 6 个月与现有的系统并行运行。然后，随着时间的推移，人工智能将继续通过反馈进行训练和改进。实施人工智能可以依赖目前正在使用的原始资料，如供应商网站、说明手册以及我们的营销部门所依赖的产品描述。一旦人工智能程序得到充分的训练，只需要进行一次人工审核就可以将它独立发送，从而为公司节省大约 60% 到 80% 的用于人工标注和分类产品的营销时间。

这个想法可以立即实施，也可以在想法库中存档供以后使用，一旦组织决定分配资源时就实施。

整理和筛选

由于想法库本身的性质，如果不进行定期的分类和排序，它将很快成为一个包含无用信息的大型数据库。由于经济、时间和偶尔的法律约束，不可能一下子就把所有的想法付诸实施。因此，有必要按照优先级对想法库进行筛选和整理，以便从一开始就获得维护想法库的好处。例如，应该优先考虑那些投资很少但对节约成本产生巨大影响的想法。相反，那些需要很长时间才能实施并且影响甚微的想法，应该排在想法库的优先级列表中较低的位置，或许其永远也得不到实施。即便如此，也绝不要将低优先级的想法从想法库中删除，因为在未来，环境可能会发生变化，想法的优先级也会随之变化。有了一份按优先级排列的想法的详细列表，下一步就是将它们结构化。

排序和分类

根据各种指标对想法库中的项目进行排序，有助于未来的决策者更快地获得好想法。对想法的排序应该在不同的维度上分别进行，这些维度使筛选和设置优先级成为可能。有一些很好的维度示例可供考虑，比如大概的实施时间、紧迫程度和资本投入。计分法（point-scoring system）可以在这方面提供极大的帮助。要在一开始就清楚地建立并列出分值的相对范围，以免数据库的后续用户不知道"话题自动标注"（automate topic tagging）为何优先于"工厂机械的预测性故障分析"。

着手组建想法库的最简单方法之一是将集思广益的想法分成相近的类别。群组的大小由你的需要而决定。类别要具有描述性，还要足够广泛以充分筛选想法。以下是一些可用于筛选想法的群组分类的示例。

时间

每个想法都是根据人工智能解决方案的开发时间和改变管理结构和实践所需要的时间来分类的。具体来说，包括短期（1年内）、中期（1年到5年之间）以及长期（超过5年）。虽然这些只是估计时间，但是它们大致取决于你认为组织可能发生变化的速度，以及实施该想法的技术可行性。

资本配置

基于使每个想法发挥作用所需的预期资本的优先级评估。资本包括初始投入、经常性维护费用和日常费用（如果有的话）。大的想法所需花费占年利润20%以上，中等想法所需花费占年利润10%

至20%，小的想法所需花费占年利润10%以下。

员工影响

考虑到想法将对员工产生的预期影响的优先级评估，这些影响涉及工作时间、变更工作流和流程以及精简效率等方面，类别的存在应该强调实施想法的净正影响（net-positive impact），因此还要考虑预计受到实施想法影响的员工人数。然后，基于组织中预期会明显受到实施想法影响的员工的百分比，将每个想法的影响分数乘以权重值。

风险

每个想法都应该有一个风险分类。应该根据实施想法对业务造成的威胁进行风险评估，并给予适当的风险类别：高、中、低。

想法的预期回报

要确定想法的预期回报。这些回报可以是成本节约或增量收入之类。如果能对其他关键绩效指标产生积极影响，那么实施回报为零的项目也可以考虑。

对某个想法的独立请求数

也许有三个人建议你的组织在完全不使用手工流程（如填写纸质表单）的情况下进行互动。统计一下有多少独立的个人提出了相同的想法，这可以快速确定哪些想法是人们最需要或最期盼的，或者至少可以让你对组织内共同关注的问题有一定的了解。

选择更好的标签将最终帮助决策者在想法库中进行筛选和分类。在这个阶段，大多数标签和信息应该是有根据的猜测，而不是对一个想法的可行性进行真正彻底的调查。分类仅仅是一种以结构化的方式在列表中进行操作的工具。图2.9所示的是一个使用时间和风险的想法进行分组的示例。

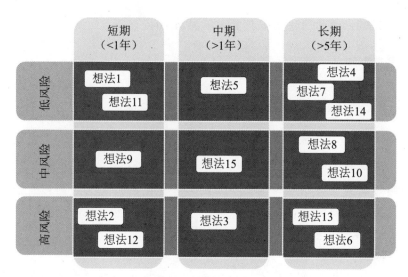

图 2.9 想法分组示例

审核想法库

如果排序和整理的方法运用得好，定期审核想法库会更加容易，更好的想法也会一直上升到列表的最顶端。随着公司优先级的改变，想法的紧迫性指标也会发生变化。如果使用了新技术，或者组织完成了之前的"拦路虎"项目，那么想法实施的预期时间也可能发生改变。定期重新评估将确保在接下来的步骤中总能挑选出最佳的想法。

想法审查与想法本身同样重要，应该由特别焦点小组执行，以确保选出最佳想法以供实施。而选择一个供实施的想法需要花费时间和金钱，因此有必要在提交的想法中只选择最佳的想法。随意地实施想法可能给组织带来灾难性后果。审查会议还应该注意选择哪些想法加以实施，并解释这样做的原因。这样的解释将有助于未来决策者避免再犯过去同样的错误。

作出选择之后，要对需要在工作流中作重大改变或进行大规模资本投入的想法进行成本效益分析。这些新的优先化流程是为了提高效率，而不是助长员工的官僚主义作风。只要有可能，在实施任何想法之前，都应该在组织范围内尝试一次试运行。为了创新而创新只会让组织承受更多的成本，增加不必要的官僚结构，引起每个人的不满。

头脑风暴和偶然相遇

在一个创新型的公司里，激发员工动力并让他们讨论想法是至关重要的。现代（17世纪以来）的所有重大发现都可以归功于科学方法的使用，这种科学方法的过程包括：

- 进行观察
- 进行研究
- 形成假设和预测
- 检验假设和预测
- 形成结论
- 迭代和分享成果

科学方法离不开批评和不断的路线修正，以保持研究结果的完整性和准确性。这一点同样适用于组织的创新方法，所以要允许人们进行评论、讨论和辩论。给予充足的时间和空间，让人们分享想法和讨论可能的创新对于组织的成长极为重要。协作联盟或头脑风暴会议，只有在定期和可预测的时间间隔内，以小型的职能小组的形式召开，并由既是参与者、又是组织者的人引导，才能发挥最佳工作效果。通过策略性的思想分享会议引导员工小组，组织可以从多个不同的来源获得一些见解，员工们可以向组织发出自己的声音并同时收获认可感。同时，可以更好地向员工阐明组织的意图、计划和面临的困难，使之与员工的目标统一起来。

在这里，要将建设性的批评与无聊或破坏性的批评区分开来。有益的批评一定总是针对想法，而不是针对提出想法的人。批评应该提供直击要害的数据，或者要以一种有助于管理或避免冲突的方式提出问题。批评的目的不是去否决一个想法，而是思考如何保护它，或者把它转化为更可行和更可持续的东西。

辩论使我们能够从不同的角度看待一个概念，为我们提供新的见解。对于组织来说，提出新的想法非常重要，而剔除那些不好的想法也同样重要。个人很容易产生偏见，而偏见又很难被自己所发现。当以建设性的方式呈现想法时，倾听对立的观点可以让团队克服个人的内在偏见。

在每个组织中，管理者都是关键的一环，他们接受过培训，能够理解企业的核心价值所在。他们了解有助于企业高效且有效运作的要素。因此，管理者每季度或每半年提交实施想法的周期报告，也是一个收集想法的有效来源，这些想法都是由最了解公司需求或者至少了解自己特定部门需求的人们筛选而来。

最后是鼓励偶然相遇和会面。研究证明，这一点比常规的头脑风暴会议更好。不同团队成员之间的偶然相遇会引发自发且富有成效的讨论，方便沟通与交流，增进人们的相互理解，因而与那些规模大、计划好的头脑风暴会议相比，能够产生质量更高的想法。偶然相遇可以通过创造性地设计工作区而促成。例如，苹果公司设计了带有巨大中庭的 Infinite Loop 校园，员工可以在里面公开聊天。在这些聊天中，员工可能会见到他们一直想与之交谈的某个人。这样，通过偶然相遇便能够进行富有成效的交流，而这种交流如果没有偶然相遇可能不会发生。

跨部门交流

在组织中，组织目标的实现离不开多个部门的相互合作。部门之间的交流通常只在完成工作所需的最低限度内进行。这种基于"需求"的方式的不足之处在于，虽然两个部门能聚在一起并彼此提供关于流程共享和故障排除方面有价值的新看法，但除此之外，很少有更多的互动。例如，会计是一种需要熟悉组织中的每个员工的职能，但它所需要的交叉对话（cross-talk）涉及部门的报销申请和其他文件需求，如果采用偶然相遇的方式获得的信息可能过于片面，而如果让会计人员参加其他部门的头脑风暴会议，则太离谱了。头脑风暴会议很容易以一种跨职能的方式建立起来。如果专家们意识到其他人所扮演的角色，他们就可以相互分享许多原则。这种交叉对话的途径不一定仅限于常规会议和头脑风暴会议。应该向员工提供更多的交流合作项目并鼓励他们参与其中，比如论坛、社交活动、跨部门实习、跨部门徒步旅行，等等。关键是要让两个部门能够轻松地相互分享他们的工作流和想法。这种方式将有助于组织的发展壮大，并促使其采用跨领域的新技术。

在进行部门间交叉对话时，要留意不要拆除出于伦理、法律和基于隐私的考虑而将部门分隔开来的"墙"（walls）。"墙"是法律术语，指的是将组织内的两个部门隔开的无形之墙，这两个部门的目标和完整性要求其彼此独立，合在一起可能会引发利益冲突。

例如，在投资银行中，不要让销售产品的人员知道客户重要的非公开的财务信息。不应该为了构思而失去约束。

再举一个例子。汽车涂装有限公司（Auto Painting Inc.）的主要业务是为出租车公司的大量出租车涂漆。根据营销部门发来的电子邮件，会计经理得到数据并开具发票。这种人工流程有时候会使发票延迟，给公司带来现金流问题。为了使这一流程实现自动化，公司雇佣了一支开发团队来建立新的网站。幸运的是，公司在内部局域网上设有论坛，并鼓励各部门使用这些论坛，这主要目的是让各部门之间进行交叉对话。会计经理和网站开发人员就发票的生成程序进行交谈。开发人员建议，实施自然语言处理算法可以自动生成发票，节省公司的时间和金钱。于是，这个想法被列为公司的优先事项并且被快速跟进，几个月后，公司的现金流在整体上得到了改善。

人工智能的局限性

了解人工智能的局限性非常重要。知道目前还不具备可行性将有助于你暂时摒弃那些可能遥不可及的想法。摒弃想法时要记住的一点是，如果对你来说某项技术尚未到来，那么一定不要忽略所产生的想法。人工智能领域还处于发展初期，仍是一个研究活动非常活跃的领域。为了确保当前被人工智能的局限性所阻碍的好想法不被遗失，应该把这些想法纳入想法库。要把它们连同当前的阻碍因素都记录下来，这样等到技术赶上来时，你的组织就能够对它们予以实施并获得先发优势。截至撰写本书时，人工智能框架仍有很多具体的局限性，但在此仅列举当前普遍存在的几种情况。

泛化

目前的人工智能无法用一种单一的、通用的方法来解决问题。一个能给你带来良好投资回报的候选问题应该有一个明确的目标，而一个糟糕的候选问题则界定松散且范围宽泛。问题的范围越窄，找到解决方案的速度就越快。例如，人工智能系统生成原始文献是一大难题，而以在问题中寻找模式为基础，从这样的脚本中学习生成答案是一个范围较小的问题，因此更容易解决。用技术术语来说，"强人工智能"（strong artificial intelligence）是指能够通过图灵测试（与人类交谈并说服人类相信它不是人工智能）或者其他旨在证明相同认知水平的测试的人工智能。这样的程序即使不需要几十年，也可能需要几年，才能实现任何形式的市场利用。而"弱人工智能"（weak artificial intelligence）是旨在解决较小的、有针对性的问题的人工智能，其目标有限，所学习的数据集也是有限的。例如，在商业方面，人工智能可以根据产品的尺寸、类别等对其进行标注，这对大多数企业都是一项非常重要的任务。在这种情况下，与基于图像识别产品相比，基于模型号的标注更加容易。

因果关系

当今世界的许多人工智能都是一个黑盒，往黑盒里输入数据，它就会给你一个答案。没有理由（至少没有一个让人易于理解的理由）能解释其为什么会选择某些答案而不是其他答案。对于像翻译这样的项目来说，这一点无关紧要，但是对于涉及法律责任或者逻辑的"可解释性"极为重要的项目来说，这可能会引起麻烦。有一种人工智能模型可以为每个可能的答案分配权重，然后根据训练决定是减少还是增加权重。这种模型是用一种叫作反向传播的方法来训练的。这些权重除了使人工智能更接近基于训练数据的正确答案之外，没有任何逻辑。因此，出于对"可解释性"的道德和法律方面的考虑，对人工智能进行评估势在必行。这个话题将在附录 A 中由我们的人工智能专家吉尔·奈修（Jill Nephew）作进一步讨论。

大肆宣传

人工智能属于前沿技术，每项前沿技术都会有大肆宣传，这种宣传利用了用户和研究者之间的信息不对称。在使用人工智能产品或顾问构建解决方案之前，要采取一种谨慎的态度对待它们，向对方索要并亲自查看客户参考和演示资料，确保正在开发的人工智能在目前的技术能力方面具有可行性非常重要。

不好的数据

人工智能是使用监督式学习技术构建的，它在很大程度上依赖于训练数据集。如果训练数据集是垃圾，那么给出的答案也是垃圾。因此，数据需要精确、准确和完整。就人工智能项目的开发而言，应在项目构思时确保可以获得数据，因为在后一个阶段缺乏数据将导致整个项目失败，并浪费更多的时间和资源。好的数据是人工智能开发拼图上关键的一块。

同理心

大多数人工智能产品都缺乏同理心。对于聊天机器人和其他为客户服务或人类交流而开发的人工智能来说，这可能是个问题。人工智能不能像人类代表那样与人们建立信任。在与聊天机器人或交互式语音响应（Interactive Voice Response，IVR）系统的交流失败后，不满的用户可能会倍感沮丧和烦恼。因此，有必要适时进行人类介入。人工智能不一定会让顾客感到温暖和受欢迎，所以最好不要在需要对每个问题作出非标准的和独一无二的回复的地方，使用人工智能聊天程序或其他类似的程序。在被重复提问同样的问题但答复措辞不同的服务岗位，更适合运用人工智能。例如，给网站提供支持的 IT 公司经常收到这样的问题："如何重置我的密码？""如何更改密码？""我可否更改密码？"类似这些问题可以通过人工智能程序得到很好的处理，但是关于什么法律适用于某件特定的案件的互动则很难进行下去，这类问题需要更多数量级的资源。

隐患

以下是你在构思过程中可能会遇到的一些隐患。

隐患1：狭隘的关注

人工智能是一个应用广泛的新兴领域。尽管尝试用人工智能解决所有问题并不是正确的做法，但是仍应该留意探索其新的潜在的应用途径，并确保你的关注点不会太狭窄。在构思阶段，要尽可能地开阔思路。例如，要考虑人工智能可能会如何改进你的核心业务以及像会计这样的辅助职能。与此同时，要认识到现实世界中的应用程序存在局限性，这将有助于产生新的想法。得益于大量创造性的输入，一些人工智能应用程序也可以做到相对抽象。所有被认为合理的想法，即使是那些不确定在未来什么时候会实施的想法，都应该包括在想法库中。

隐患2：流程极端化

人们很容易被仪式冲昏头脑，致使行动偏离于产生新想法这一终极目标。有些仪式极为重要，比如定期举行会议和讨论，它们可以让人们自由地表达自己的观点。然而，除了这些基本的必要仪式之外，应该把重点放在产生新想法和探索创造力上，而不是陷入整个流程。流程永远不应该偏离创造新想法这一主要目标。

隐患3：关注项目而不是文化

对于组织来说，应该着眼于创建一种具有创新性和创造性的文化，而不只是关注为当前的项目产生想法。创新文化将比任何单一项目更为持久，而且随着新想法的实施，会把你的组织推向新的高度。创建这样的文化可能需要改变固守陈旧流程的思维方式，同时努力成为质疑和挑战所有现行做法的现代组织，无论现行做法已经持续了多久。这种文化不仅仅关乎实施当下的想法，从长远来看，还将对你的组织有更大的帮助。

隐患4：高估人工智能的能力

鉴于机器学习在当前技术领域方兴未艾，生产人工智能系统和软件的初创企业和公司比以往任何时候都要多。这就给想要在竞争中保持领先地位的企业带来巨大的压力，有时候仅靠营销宣传还不够。于是，许多公司会夸大业绩成果，极尽所能地展示其产品，尽管公然造假的事件很少发生。因此，确定今天的人工智能是否能够实现你的崇高目标或者某项技术几年后是否会过时，都是一个挑战。但这个事实不应该阻止你开启人工智能之旅，因为即使是应用简单的人工智能，也能够给你的组织带来改变。相反，要把它当作一种警醒，要认识到人工智能营销实际上与看上去可能并不总是一样。

行动清单

——首先在你的组织创建创新文化。一旦创新文化建立起来，想法就会在最意想不到的地方出现。

——成立由高层管理者组成的核心创新小组，因为这些人拥有进行彻底变革的权力。

——开始维护想法库。

——通过仔细检查标准操作程序、流程价值分析和访谈来收集创意。

——使用定义良好的标准对想法库进行分类和筛选。

——及时进行审查以修正、提炼和实施想法。

——了解现有的人工智能技术以获得对其能力的真正感知。

——将想法库应用到人工智能模型中以找到适合人工智能实施的那些想法。

注释

1. www.nytimes.com/2011/11/08/science/computer-experts-building-1830s-babbage-analytical-engine.html?mtrref=undefined&gwh=3AC8088201F9C684FE137681F50CAF1E&gwt=pay&assetType=REGIWALL
2. http://ed-thelen.org/comp-hist/CBC-Ch-02.pdf
3. www.csee.umbc.edu/courses/471/papers/turing.pdf
4. https://crl.ucsd.edu/~saygin/papers/MMTT.pdf
5. Image originally developed by Juan Alberto Sánchez Margallo and used without modification. https://en.wikipedia.org/wiki/File:Turing_test_diagram.png
6. Friedl, Jeffrey. 2009. *Mastering Regular Expressions*, 3rd Edition. Champaign, IL: O'Reilly Media.
7. www.allthingsdistributed.com/2016/11/amazon-ai-and-alexa-for-all-aws-apps.html
8. Audrey J. Murrell, Sheila Forte-Trammell, and Diana Bing. 2008, *Intelligent Mentoring: How IBM Creates Value through People, Knowledge, and Relationships*. New York: Pearson Education.
9. www.research.ibm.com/patents/
10. www.forbes.com/sites/johnkotter/2013/08/21/googles-best-new-innovation-rules-around- 20-time/#555a76982e7a

第 3 章

定 义 项 目

既然你对人工智能有了初步了解,并且准备好了想法库,那么就可以朝着实施人工智能技术和利用它的诸多优势迈出下一步了。

在本章中,我们将介绍如何从你的想法库中提取想法和制订计划以实现想法。这里有一种有条理的方法,会帮助你关注工作的进展,避免让你的项目以"从未完成"而告终。"定义项目"这一步骤将为成功实施和完成所选择的任务建立一张高级的路线图。大多数传统的软件开发理念都是从建立极为详细的规格说明文档开始的,文档涵盖了各个开发任务并对每个任务作出评估。然而,根据这种方法,如果你对项目的某个方面不甚了解,就需要对它进行大量的前期投入。这意味着在项目开始后,起初费尽心力确定的详尽说明可能并无意义。

我们只需举个例子就能证明这种详细的说明文档将如何妨碍人工智能的应用。假设你已经选定了某种人工智能模型 X,然而几周之后发现 X 模型并不适用于目前需要解决的问题。于是,为了完成项目目标,你不得不尝试其他种类的人工智能模型。传统的高度细节化的人工智能模型的缺点在于,任何变动都会导致在该人工智能模型下所制定的决策和任务无效。因此,无论传统模型有多么辉煌的成功记录,对你都没有任何意义,我们有更好的解决方案。

如今,这些大量的规格说明文档正在被更加灵活的方法所取代。有一种通常被列为敏捷开发范畴的轻量级的项目计划，可以对这一类项目计划进行定义，将实施的细节留到流程的后期。这种方法可以让项目在不受事先决策影响的情况下成长和发展。尽管项目计划十分灵活，能够适应未来的调整和演变，但它仍然为项目的正常进行提供指导。

此外，这种项目计划还能够衡量项目的成功。衡量指标可以是关键绩效指标、财务回报或者其他适用于项目的某种标准等，但无论是什么，指标都必须存在，以便校准你的方法。只有在最初的项目计划中明确定义了目标，才能对项目的成功进行衡量。

项目计划的内容、原因和方式

一旦选定了要付诸实施的想法，你就可以将它分解为项目计划。这个过程的第一步是要系统地规划你的目标。项目计划文档将为你的系统列出所需的功能和生产目标。在本章中，我们将探讨由一个想法创建项目计划的三种方法。

项目计划应该描述项目的目标、可衡量性以及范围，这些内容将辅助人工智能、数据科学和软件工程团队评估项目结果和项目进展情况。项目计划不应该设定限制，在具体实施时要保持开放性。这是被称为"敏捷"的软件开发理念的一项关键特征，我们将在第5章"原型制作"中进行更深入的讨论。再次强调，项目计划的目标是提供充分的最初指导以保持专注，而不是提供过多的指导以至于项目无法进行适时调整。

在敏捷环境中，没有正式的规格说明文档，启动项目唯一需要的就是项目计划。正式的规格说明文档和项目计划并不是等同的，所以要注意区别对待。使用敏捷方法为项目设计一份完整的规格说明文档将后患无穷。这是因为管理层极力坚持实施规格说明文档中明确的内容，而开发团队则会根据他们一直以来从开发系统获得的认知看到必要的更改。项目计划是一份详细的文档，但主要区别在于那种被具体说明的细节。

项目计划是整个团队（包括利益相关者、管理层和开发人员）用来评估项目进度和提前计划的主文档。它是早期阶段的关键文件，我们必须要把它制定好。

项目计划的组成部分

一份定义良好的项目计划理想上应该包括以下要素：

项目范围

详细说明项目的范围、目前正在实施的系统以及项目的总体意图和目的。

明确的工作日程和工作地点

协助项目开发及实施过程，为 Scrum 主管（敏捷开发团队的促进者）充当路线图，以指导项目并启用合适的基础设施，如视频会议和实体会议室。

项目监督活动

这些活动包括：

项目治理

谁负责这个项目？他们的职责是什么？这一部分应该清楚地说明谁是项目负责人，因为项目的控制权将掌握在他们手中。同时，还应该包括一份所有项目利益相关者的清单，这些个体或者个体代表都或直接或间接地受到项目的影响。例如，如果项目是创建一个人工智能驱动系统来提高供应链效率，就应该让具有代表性的工厂经理加入项目中，以了解他们对该项目的看法，并弄清楚他们有哪些需求必须包括在内。在此示例中，工厂经理可能需要了解预期的可交付成果，以充分认识到新系统的优势所在。他们在这里的输入可能决定这个项目的成败。

项目启动

项目的预计开工日期是什么时候？应该包括哪些人？如果你从一开始就让利益相关者参与进来，而不是等项目已经开始运行之后才不得不赢得他们的支持，你将会更加容易地获得他们的支持。

工作流活动

这些活动是高级的用户故事，有时被称为史诗（epics），其将在项目中得到处理（开发人员在实施之前将它们拆分成更小的用户故事），并作为开发团队的未来目标。每项活动都应该有明确的可交付成果（有形的或无形的产品），比如代码、文档以及基础设施的筹备情况。最后，这些活动应该包括成功标准，以确保在可交付成果提交之后完成活动的情况下，可以从实证角度对它们作出决定。

例如：

聊天机器人的登录界面

目标：用户可以安全地登录到应用程序而不泄露他们的信息。

确定的可交付成果：登录页面；必要的身份验证维护的文档；Web 应用程序的计划更新列表。

成功标准：Web 应用程序必须通过针对结构化查询语言（SQL）注入和跨站脚本等已知威胁的安全测试，响应时间不应超过三秒。

假设

每个项目都有一组假设（项目预期所需的各种任务和项目），需要在项目开始之前列出。这些假设可能包括代码托管、选择云提供商，以及确定要使用的工作流类型。在人工智能项目中，这些假设可能包括获得数据和找到正确的主题专家。主题专家通常不在你所在组织的 IT 部门里，而是在他们各自的特定领域，可能遍布于整个组织或者是其领域的外部专家。

第3章 定义项目

可交付成果清单

在项目结束时所有的交付物都要包括在清单当中。该清单应该是一份详尽无遗的说明,这样公司最终就不会出现没有文档记录或者因此而无法维护代码的情况。可交付成果的样例包括代码及其相关的所有文档、维护指南、用户手册和实施后的用户培训。对于人工智能项目,模型也可以成为可交付成果。这些模型连同文档可以被纳入模型库,我们将在第 7 章 "随着人工智能生命周期实现蓬勃发展"中对此作进一步讨论。

项目完成标准

项目计划这一部分将详细说明何时将项目视为"完成"。由于预算超支或技术变更而使项目不可行,项目不得不提前终止,对于这种情况的条款规定也可以包括在这一部分。关键绩效指标和财务成功的可衡量性标准,将在"项目可衡量性"一节中进行讨论。人工智能项目在设定完成标准时常常会遇到某些困难。因为大多数人工智能系统可以通过更多的数据持续改进,所以必须定义一个你和组织都感到满意的绩效和精准度的基准级别。例如,能够正确回答 95% 的用户问题的支持服务是否足够?人工智能提供了标准化的指标,如精确度、召回率和 F1 值(具体将在第 7 章中讨论),以帮助定义成功标准。

变更请求流程

在设计项目计划时,预测所有的突发事件并作出相应的计划是不必要且不切实际的。为此,要在这里设计并指定一种正式的变更请求流程。在"敏捷"环境下,这一点是至关重要的,因为频繁的变更可能会使项目变得与最初的设想截然不同,这样就无法实现目标。对于这样一个流程,最终的决定权应该在产品所有者、而不是用户委员会手中。这么做将确保项目保持在正轨上,不会因为变更而陷入不必要的困境。

预期的日程

这部分指的是前文提及的"项目监督活动"下面的高级活动清单，包括每项活动预计的开始和结束日期。

费用 / 预算

对于固定预算的项目，项目计划的这一部分列出的是"工作流活动"下面所提到的高级活动，以及在开发人员时间、基础设施成本、设备成本等方面与每个活动相关联的成本。对于内部项目，应该包括员工时间的机会成本，该项成本是以计算出的时薪为基础的。就像任何外部项目一样，这一部分应该涵盖内部项目的所有类型的成本，比如服务器成本、云托管费用、域名费用和其他杂项费用（例如团队聚餐）。人工智能项目费用应该包括主题专家时间的预期成本并考虑到多次迭代的费用。这些专家很可能会驻留在组织的其他部门，因此日常开销必不可少。此外，人工智能模型的托管成本可能相当高昂，这取决于项目自身的复杂性和绩效要求。最后，与任何数据许可相关的成本都应该包括在内。

分解项目的方法

坐下来从头开始创建项目计划可能令人望而生畏。你可以使用我们的示例作为指南，或者更好的做法是，将它与你的组织以前完成的项目的项目计划相结合，为自己量身打造一个有用的框架，作为新计划的基础。尽管这是一条捷径，但拥有可以遵循的具体方法也会给你带来便利，这些方法将有助于你深入了解特定项目的全部细节，确保涵盖项目的方方面面。虽然有很多种定义项目的方法，但在这里将介绍本书作者亲自使用过的三种方法。

方法1：设计思维

在企业中，有很多种使用人工智能的方法，并不是所有的方法都需要在开始前完成一个全面深入的项目计划。组织如何继续应用人工智能工具，最终会由企业领导者和技术领导者决定。这里介绍的概念是设计思维的一部分，无论你选择遵循什么过程和方法，它们都会为你的起步提供良好的指导。团队可能会为项目提供各式各样的想法，而你可以使用设计思维把其中最好的想法挖掘出来，并将它们进一步提炼成一系列可实现的目标。

使用设计思维无需任何先决知识，它是一种过程，用于为当前问题开发新的解决方案，并在问题出现之前预先解决问题。设计思维关注的是对有问题的领域的理解，然后从该领域中提出一个虚构的（准确地说是具有代表性的）个体，并在协作的环境中集思广益，寻找解决方案，使该个体的角色／工作／生活变得更容易。设计思维在许多行业中都有应用，已经帮助很多大型和小型企业成功制定了人工智能解决方案。

设计思维会议示例

召开设计思维会议，首先是召集潜在的利益相关者，以确定将会使用系统并从中受益的最终用户，在此基础上创建人物角色（persona）。人物角色不应该是漫画，而应该是尽可能地接近真实的人。然后，为每个被确定的人物角色创建同理心地图（empathy map）。同理心地图是一种工具，用于显示最终用户的当前状态，以确定他们对特定产品或服务的"需求"和"要求"。最后，设计思维会议创建目标和用户故事，这些目标和用户故事满足了每个人物角色的需求，并根据用户故事制订出大概的项目计划。（参见图3.1）

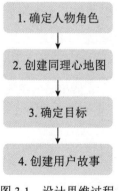

图 3.1　设计思维过程

第1步：确定人物角色

在启动任何项目之前，必须先确定用户。用户是内部员工、公司的律师、执业医生、金融公司的分析师，还是仅仅是在你的网站搜索产品或服务的人？将用户划分为内部用户和外部用户，这将有助于确定他们可能会使用哪些功能，同时还要选择适当的指标来判断系统成功与否。这一决定将推动随后的每一项活动的实施。

在适当情况下，要利用市场调查来确定用户类型，并列出这些用户的责任和需求。尽管并非所有的想法都会被采纳，但每个人都应该为人物角色开发贡献自己的想法，其目标是创建一个真实的角色，并代表可能应用人工智能解决方案的最常见用户类型。使用简单的单词和术语，列出一些可以让工作变得更容易的"要求"。

每个被考虑的人物角色都要具有与特定角色类型或个性相关的特征（例如报告的准确性、与系统交互的频率、使用系统的紧迫性、人物角色在系统中试图实现的"需求"和"要求"，系统试图解决的人物角色所面临的各种挑战）。这里的关键是定义"用户类型"。只有这样，才能产生清楚而分明的用户故事。

让我们首先看一个公司的例子。Widgets-R-Us 公司希望将生产扩展到多个站点，但首先想要做的是提高当前站点的效率。作为一家生产小部件的公司，Widgets-R-Us 公司拥有一支质量有保证的团队，通过质保专家的目检来监控出站的小部件是否存在缺陷。对于质保专家来说，这个过程需要人工操作，十分辛苦。为了解决例子中提到的问题，我们创建一个角色杰克，杰克是质保专家。他不仅要把大部分时间花在目检上，还要在每天结束时创建一份报告，概述所发现的缺陷的数量和类型。杰克目前填写的报告形式是一份纸质表格，他必须每个月对这些表格内容进行一次统计以得出月份总计，Widgets-R-Us 公司以此来确保缺陷保持在可接受的阈值之下。

第2步：创建同理心地图

鉴于我们现在已经确定了人物角色，并且完全了解了其任务和职责，之后可以进行设计思维过程中的下一步，即创建同理心地图。同理心地图详细说明了一个人对于其当前情况的所做、所想、所感和所说。这一步骤很关键，包括设身处地地为用户着想，以真正了解他们的日常活动。如果设计思维参与者拥有与正在考虑的角色相同的个人经验，可以直接与他们一起完成该步骤，也可以通过访谈、聚焦小组风格，与实际用户一起完成该步骤。下面是我们的质保专家杰克的同理心地图示例：

- 所做：
  - "目检小部件是否存在缺陷。"
  - "创建能够详细说明故障的报告。"
  - "每月统计缺陷情况。"
- 所想：
  - "每月填写统计报告是一件痛苦的事。"
  - "如果只需看看有可能存在缺陷的部件，我可以做得更多。"
  - "哇，这重复性太强了。"
- 所感：
  - "必须监控每个部件的缺陷，导致眼睛疲劳。"
  - "有时对工作的重复性感到厌烦。"
  - "为确保出站部件的正常工作而感到自豪。"
- 所说：
  - "有没有比我这种人工记录缺陷数量更好的方法？"
  - "我已经开发出帮助我快速识别缺陷的模式。"
  - "我能够识别出大多数有缺陷的部件，但有些缺陷可以被更早地发现。"

第3步：确定目标

定义人物角色和创建同理心地图完成后，我们就能够对用户面临的挑战有一个很好的认识。现在，我们必须确定可以帮助到一个或多个用户的项目目标。例如，以下三个目标可以让质保专家从中受益：

- 建立一个目检缺陷识别系统，将可能有缺陷的零件送入人工检查队列。这样，质保专家需要检查的部件数量只占总量的一小部分，比如 5%，而不需要将全部小部件都检查一遍。这样，质保专家的人工工作量可降低到原来的 1/20。

- 对缺陷跟踪进行数字化处理，以便可以根据质保专家的输入内容自动创建每日报告。
- 根据所提供的数字数据自动创建报告，并用它们取代为月度报告而进行的统计，将月度报告统计这项任务从质保专家的职责列表中完全移除。

第4步：创建用户故事

最后一步是将目标正式地转化为潜在的用户故事。用户故事概述了提供给用户的功能以及用户能够从中获得的好处。用户故事通常采用以下格式编写：

作为一个 <角色>，我希望能够 <具有……特征>，这样我就能 <受益>。

将目标转换为用户故事可能会生成以下列表：

- 作为质保专家，我人工检查被自动系统识别为存在潜在缺陷的部件，以确保输出高质量的部件。
- 作为质保专家，我将识别出有缺陷的数字输入系统，这样就能对其进行跟踪并自动生成报告。
- 作为质保专家，我审查月度缺陷报告，以确保其与我当月检查的内容一致。

像本例这样使用设计思维方法创建用户故事，会为你提供可以直接操作的、必要的项目计划内容。遵循设计思维过程有助于回答以下问题：

- 人工智能是否会带来有形的投资回报？
- 如果是，投资回报将会在短期内还是长期内实现？
- 我正在合作的供应商所提供的价值是否与我的角色需求/要求相近？
- 基于符合该人物角色的个体数量，解决这些需求的方案能产生多大的影响？

设计思维有助于使你的人工智能系统专注于满足真实用户的需求和要求。确定人物角色、创建同理心地图、创建目标以及最后确定用户故事，可以将想法转化为可操作的任务。

方法2：系统思维

如果你遵循前一章所介绍的为获得想法而生成流程图和组织图的方法，那么可以继续使用那些方法制订项目计划。业务可以被视为一个系统，其中多个复杂的流程相互作用，激活旨在帮助企业达到指定目标的内部和外部触发器。业务当中所有较小的流程和部门也将成为其本身的子系统，而其他部门的事务则不在每个子系统的边界之内。

以这种方式想象业务流程可以更容易地帮助你将业务流程转换为计算机代码。系统思维有助于制订规模更大、更长期的项目计划。用这样的方法定义界限和设定预期结果也会变得更加容易。

边界

在系统思维中，所有的系统都有一个边界，一旦越过这个边界，它们就会与外部因素相互作用。相互作用可以表现为输入、输出或压力的形式。任何给定系统都应该能够有效地处理这三种相互作用，以确保系统的生存和持续的有用性。如果不能接受输入并将其转换为输出，系统将变得无用。这种边界还有助于定义系统的范围。

让我们以某个人工智能系统的入站边界（inbound boundary）为例。在这个例子中，人工智能使用的是来自事务型制造系统的数据。这些数据用于训练预测模型，该模型用来检测设备何时可能出现故障，以及成品率调整是否表明可能存在其他问题。然后，预测模型的结果可以发送到充当出站边界的执行仪表板系统。

外部应激源应该通过应对机制和进化机制相结合的方式来加以缓解。人工智能系统的一些应激源可能来自过时的数据结构、无意义的输入（垃圾进，垃圾出）、破坏性病毒等的相互作用。在我们的上述示例中，外部应激源可能是电磁干扰（electromagnetic interference，EMI），它也许会导致源数据不准确或数据完全丢失。在制订项目计划时，要时刻注意任何可预见的应激源，只有这样，才能有针对性地进行准备。

子系统

任何系统都不能孤立地工作。至少，每个系统都需要来自其他系统的数据才能形成自己的输出。因此，我们必须考虑所提出的系统是否可以顺利地与现有系统配合使用，或是否有必要对现有的系统进行修改。这些修改应视为新项目的一部分。这将有助于确保交付的是一个可行且完整的系统，而不是一个需要更多投资才能开始运行的系统。

在运用系统思维时，一个重要的注意事项是要尽可能地设想最大的系统，然后再研究它较小的各部分。这些较小的部分被称作子系统，它们是为"敏捷"生成的所有用户故事的起点。任何复杂的系统都可以分解为若干组成部分。这些部分相互连接，彼此之间交换输入和输出。任何子系统的目标都应该始终与其所属的更大系统的目标保持一致。

在 MicroAssembly 有限公司，生产经理克莱尔正在努力想办法改进生产过程以获得更好的产量。她首先把整个制造过程看作一个大系统，这个系统的边界之外会有商店、供应商等。该系统输入的是原材料，输出的是废品和成品。工厂配有设备和微控制器，以确保机器在预期的水平上运行。在制造过程这一大的系统中，每个子过程都是一个较小的子系统，它从前一个过程中获得输入，并把废物和中间产品作为输出。克莱尔决定应用人工智能，收集来自传感器的所有数据，并通过子系统和每个子过程中的传感器对数据进行系统的分类。这样她就知道应该更密切地监控哪个子过程，并且作出调整以获得更高的产量。

通过这种方式，人工智能成为一种帮助优化子系统的新工具，虽然这些子系统在过去可能已经使用不同的技术进行了优化。由于效率是可以量化的，这会是一个有趣的做法。因此，你可以从实证角度衡量并报告使用人工智能技术带来的好处。

方法3：情景规划

情景规划，也叫情景分析，最初由军方开发，用于模拟战争游戏，也可用于商业领域制订战略和战术计划。情景规划是一门艺术，它通过分析当前的趋势和信息来预测未来，并将其外推至对未来的估计中。情景规划包括三个主要步骤：评估当前情况、选择关键驱动因素并建立模型，基于对驱动因素的预期改变来创建场景。

对目前情况进行分析可以用 STEEP 模型来完成，该模型包括社会学（sociological）、技术（technological）、经济（economic）、环境（environmental）和政治（political）方面的输入。从这种分析中得出的基本假设将产生驱动因素，驱动因素是将要影响情景的因素。通过调整驱动因素，我们可以推断、预测未来趋势并为其生成情景。

德尔菲法

将情景规划与德尔菲法相结合，将得出更精准的预测结果。运用德尔菲法，需要建立一个专家小组来参与多阶段的、匿名的书面调查，并由一名公正的法官传达调查结果。每轮调查结束后，专家们要根据从其他专家那里获得的新信息修改自己的答案，由此达成中间意见。一旦达到预先设定的调查标准，例如指定的轮次、充分的意见趋同，调查轮次就会终止。

将情景规划与德尔菲法相结合使用，会产生长期的项目并有机会向下钻取以将那些项目细化为用户故事。在医疗保健等复杂而细微的领域，这样的战略作为一种弹性过程是很有用的，它比聘请一名技术顾问的效果要好得多。一个医生小组能够更好地回答哪些症状预示着哪些疾病。用户故事所依据的数据的质量要非常好。成立专家小组可以避免由于个别专家的个人偏见或知识缺陷而导致数据损坏的隐患。

在情景规划中，应该在修改驱动因素和预测修改结果的基础上至少生成 7 种情景，进而缩减到 4 种可行且现实的结果，以构成 2×2 矩阵的一部分。这 4 种结果并不一定要完全相反或者形成"好与坏"的对立，这表明分析得不好，因为模型是未来的表征，而现实很少是二元的。通过平衡和澄清问题的理想的解决方案，矩阵将有助于作出决策。

通过上述讨论的三种方法（设计思维、系统思维和情景规划），你将更有能力制订详细的项目计划。这三种方法并非相互排斥，它们可以共同使用以获得更好的结果。设计思维主要用于提出以前从未实施过的创新过程和系统；系统思维更适合对现有系统和流程提出改进；情景规划可用于为某些项目制定规划，特别是针对灾难恢复过程和业务恢复计划这样的突发事件。在理想的情况下，无论什么方法，只要最适用于要解决的问题，都可以为你所用。如果你陷入了死胡同，不妨试试其他方法，看看能否从中得到启发。

项目可衡量性

一个好的项目计划在一开始就要设置指标来衡量项目是否成功。作为项目计划的关键部分，指标将在项目完成后协助项目审查，如果项目失败，它也会帮助分析其中的根本原因。

指标不仅仅要基于成本。现代商业世界中，如果项目带来的收益不能直接转化为公司节省的成本，它们还可以与关键绩效指标联系起来。对于每个项目而言，都需要确定关键的成功因素，并基于这些因素来评估项目的影响。可以使用的关键绩效指标的示例有：

- 客户满意度
- 报告的准确性
- 员工绩效
- 员工节省的时间
- 解决一个客户支持问题所需的时间

上述指标中的最后两个可以通过自动回答客户的直接提问的人工智能聊天系统得到显著改善。自动聊天人工智能系统不仅会立即响应，而且不需要员工花费时间。相反，只有在人工智能系统无法处理问题的情况下，雇员才参与进来。这样，对于期望聊天实现支持部分自动化的项目来说，这两个关键绩效指标非常有用。此外，将第一个关键绩效指标，即客户满意度包括在内也很重要，因为如果客户讨厌自动化系统，那么即使能够节省时间和金钱，也是不值得应用的。这是一个很好的例子，它说明需要一组广泛的关键绩效指标来涵盖组织中的每一件重要的事情，这样就不会因为强调一个关键绩效指标而忽视其他的关键绩效指标。

每个项目和公司都是不同的。上述指标示例旨在让你了解可用于判断项目成功与否的各种关键绩效指标。对于任何定性因素，以数值形式为其设定可衡量的目标，以便能够从实证角度对其进行判断和衡量是非常重要的。这可以以调查的形式来完成，在调查中，相关个体在 1 到 10 的范围内对绩效进行评分，或者基于平行指标（比如等待客户支持问题解决所花的时间）通过间接评判绩效来完成。

平衡计分卡

平衡记分卡是一份帮助你以整体和全面的方式建立指标的文档。平衡计分卡能够从四个方面确保正确地设定项目标准：

账务角度

这包括节省成本、增加销售额、提高投资回报等。大多数企业组织很容易从这个角度提出成功衡量标准。

客户角度

这是一个更难衡量和研究的视角。对此进行研究应该借助市场调查等工具，并通过与市场上其他竞争产品相比较，对公司生产的产品质量进行客观评估。这个角度的另一个有用指标是组织所占的市场份额。判断公司的份额是否在持续增长，可以获得许多与客户有关的深刻见解。

内部流程角度

这个角度旨在评价项目给现有流程带来的益处。节省的时间、生产效率以及由于流程改进而减少的客户服务时间都将在这里进行衡量。

学习与成长角度

这个角度衡量的是组织成长对项目产生的直接影响，其中包括随着项目投产而增加的制度化学习。只留存于员工的组织记忆有很大的不确定性，而一个文档齐全的系统则会带来很多好处，应该在这里加以衡量。

构建人工智能项目计划

鉴于我们处于人工智能时代，可以集中精力把我们的项目计划向前推进一步。运用前面章节所介绍的技术，我们可以着手构建一个解决方案，以更有效地解决问题。

如今，人工智能的功能能够让我们对涉及简单、标准问题的聊天对话完全实现自动化。例如，当客户询问"曼哈顿分店几点开门"，该查询可以由聊天机器人系统进行处理。首先，它会分析用户提出的问题以了解询问的意图。在意图识别中会得出置信度值（confidence value），置信度值表示聊天机器人对知道用户在问什么的确定程度。通常，这种置信度值在 0.0 和 1.0 之间，其中 0.0 指的是完全不确定，而 1.0 指的是完全确定。如果置信度值高于所建立的最小阈值，聊天机器人就可以搜索其响应数据库（该数据库包含之前提到的常见问题的回复）来寻找该意图，并确定合适的回复语。此外，用户当前的语境信息可以为响应搜索过程提供额外的输入，从而对体验进行个性化设置。例如，如果系统能够确定用户在曼哈顿的位置，就可以提供最近的三个分支机构的营业时间（如果在合理的邻近地区内有多个分支机构的话）。拥有这一功能，技术专家们就可以将精力放在更复杂的用户问题上，这无疑会节省成本并更有可能提高客户的满意度。

例如，美国 ABC 银行使用一种常规方法，即运用传统的交互式语音应答系统与客户交流，但最终结果都是客户与真人取得联系。首席执行官决定通过支持聊天机器人项目来实现这个过程的自动化，于是召开会议，从交互式语音应答系统和分支机构的客户交互中收集有关当前客户

第3章 定义项目

行为的数据。员工们注意到，大多数客户打电话来询问余额、核查以前的交易，或者通过电子邮件请求对账单。银行还可以根据零售客户所使用的银行服务将他们分组，并在每组客户提出问题的基础上开发角色。之后，按照设计思维流程，银行分析员根据角色的想法、感受、陈述和行动生成同理心地图。使用这一分析可能会产生以下客户用户故事：

- 作为客户，如果聊天机器人不能满足我的需求，我希望能够联系到一个真实的人。
- 作为客户，我希望聊天机器人能够访问我的账户数据，这样我就不必手动输入账号或其他它应该已经知道的数据。
- 作为客户，我希望聊天机器人能随着时间的推移学习我提出的各种问题，这样它就能直接处理这些问题，而不是每次我有同样的要求时都要把我交给人来处理。
- 作为客户，我希望聊天界面是安全的，这样我就能确信自己发送给聊天机器人的数据不会被滥用。
- 作为客户，我希望能够与我选择的聊天客户端（短信、脸书、Messenger等）进行交流，从而以我觉得最轻松的方式获得答案。
- 作为客户，我希望我的问题能得到及时解决，因为我的时间很宝贵。

用户故事创建之后，就可以拟出项目的范围：

> 该项目旨在创建一个学习型聊天机器人，用于回答客户提出的问题。聊天机器人应该能够根据定性反馈与客户的需求来学习和适应客户行为，以提高响应的效率和功效。

项目的成功标准也可以在这里建立：

- 聊天机器人要在三秒钟内回答问题或作出将问题分配给人类代表的决定。
- 支持的真人客户代表的客户交互量要减半。
- 客户满意度要提高10%。

一旦制订了项目计划，就可以选择一些用户故事并开始制作解决方案的原型了。

隐患

以下是你在项目定义过程中可能会遇到的一些隐患。

隐患1：没有获得利益相关者认同

人工智能解决方案往往会影响组织的各个部分。它们具有变革性质，需要来自多个小组和利益相关者的数据。整体而言，变革常招致组织各方面的抵制和反对，所以在项目的初始阶段，确保每个利益相关者的参与和支持非常重要。务必向相关各方都清楚地解释项目的预计收益，这符合每个项目的最佳利益。摆脱对变革的恐惧的唯一可能途径，就是解释为什么这种变革对利益相关者最为有益。或许系统的当前用户面临着一个有待拟议系统解决的问题，或许有新研究已经揭示了你的组织之前没有意识到的另一种收入前景。但无论变革的原因是什么，在没有事先咨询利益相关者的情况下，他们可能会成为项目应用的最大障碍。虽然这个隐患的影响第5步将解决方案部署到生产中有可能被觉察，但是在定义项目这一步骤，就要对它进行处理，以免隐患变得越来越大。

避免这种情况的一种方法是召开一次包括所有可能的利益相关者的项目初始启动会议。要尽量把所有人都列入与会者名单，因为这是大家第一次正式讨论项目的会议。虽然有人可能在走廊里的谈话中听说过这个项目，但必须在某个时候正式告知他们项目的内容，并邀请他们参与项目的发展和成功。让利益相关者们成为局内人，并给出一个提意见和建议的明确渠道，将使他们在之后的项目实施过程中树立一种主人翁意识。

隐患2：捏造或歪曲实际问题

在探索一项新技术时的一个风险是去寻找能用新技术解决的问题，

而不是由于出现问题去寻找新技术。仅仅有了一把闪亮的新锤子并不意味着这个世界突然充满了钉子。正如我们所讨论的,解决的重点应该放在组织的痛点上。确定组织存在哪些问题、哪些机会是遥不可及的,然后制定解决方案来解决问题。如果你不听从这个建议,结果就是去修复那些没有被破坏的东西,或者解决那些根本就不存在的问题。不要试图修复没有受损坏的东西,那样只会导致额外的成本和延误。牢牢把握公司的进程流将有助于你只瞄准有缺陷的领域。

隐患3:过早地构建解决方案

在制订项目计划的过程中,你可能会对当今提供人工智能功能的服务和商业技术有所了解。不过仅凭这一点,就选择与特定供应商合作并不是明智之举。但这是组织经常犯的错误。因为过早地选择供应商,无意当中就把自己限制在该供应商提供的功能上。相反,要继续专注于开发你的用户故事,仔细考虑系统中的用户以及如何让他们的生活更加便利。例如,如果你知道用户在使用社交媒体,请考虑将社交媒体集成作为你工作范围的一部分。在项目定义阶段,建立这些需求将极大地简化选择供应商的过程。

过早地选择供应商所面临的另一个风险是,供应商可能会提供与你的用户无关的功能。例如,如果你发现聊天技术提供了从文本到语音的转换功能,你可能会忍不住想将其纳入项目,这并不是因为它对你的用户有帮助,只是因为你希望你的投资会被充分利用。这可能会使你的工作变得更加复杂,模糊项目的目标,并在无意中将有限的资源花费在价值最低的功能上。再次强调,在这个阶段,你的重点必须是用户和定义项目计划,而不是选择技术或合作伙伴。

隐患4:忽略确定正式的变更请求程序

变更是敏捷过程的自然组成部分。尽管变更可能是一件有益的事情,但项目也可能因为缺乏一致性而陷入困境或遇到障碍。如果项目过于频繁地要求变更,或者缺乏足够的理由,就会使开发人员迷惑不解,导致项目失败。因此，建立一个轻量化但正式的变更请求过程至关重要。每个变更都应该得到产品经理的批准，因为他们对项目负有最终的责任。产品负责人应该仔细检查和评估每个变更请求，以评估其对项目的影响。但要忽略那些没有明确说明其必要性或益处的请求，并且不应该将其呈交给开发人员。

隐患5：没有可衡量的成功标准

无论是大项目还是小项目，都必须评估其对组织的影响。这种评估将为今后的项目提供经验教训。正如前面"项目计划的组成部分"一节中所讨论的那样，为了进行评估，需要清晰地定义项目的范围和成功程度。项目也有失败的可能性，作为一个组织，正是每次从失败中汲取的经验教训让你变得与众不同。害怕失败的人可能会忘记设定实证目标来衡量他们的成功或失败。然而，尽早知道你是否偏离轨道并是否要修正路线，是至关重要的。敏捷是建立在快速失败、经常失败和微小失败的理念的基础上。从小的失败恢复过来更为容易，这样就可以以一种低成本方式进行学习。

行动清单

——确定要实施的想法。
——为你要构建的系统确定所有可能的利益相关者。
——选择合适的方法制订项目计划（设计思维、系统思维、情景规划等）。
——运用设计思维（如果适用的话）创建将使用你的系统的人物角色。
——创建可衡量的用户故事并对其进行优先级排序，这些故事经过实施将提供用户价值。
——为整个项目建立成功标准。
——最终确定项目计划并开始制作原型。

第 4 章

数据管护与治理

构建智能系统包含两个主要部分：一是构建机器学习模型的算法集，机器学习模型构成该技术的基础；二是输入这些算法中的数据，在这种情况下，正是数据为系统提供了特定的智能。

历史上，改进算法以不断产生越来越好的模型一直是机器学习领域的研究重点。然而，时至今日，算法已不再是人工智能技术提升竞赛中的瓶颈。这些算法能够使用大量的数据，也能够将智能存储在复杂的内部结构中。人工智能系统提升竞赛已经将重点转向提高数据的质量和数量上。

由于重点的转移，你在构建人工智能系统时，必须首先确定数据源并收集构建系统所需的所有数据。用于构建人工智能系统的数据通常被称为真实值（ground truth）——也就是支撑人工智能系统的知识的事实。好的真实值通常来自或产生于已经投入使用的组织系统。例如，如果一个系统试图预测某用户在一天中的某个特定时间可能会喜欢什么类型的音乐，那么系统的真实值可以从用户前一天选择播放音乐的历史中提取出来。这个真实值是可靠的，代表了真实用户的情况。如果没有可用的现有数据，主题专家可以人工创建真实值，尽管不一定那么准确。

选好真实值之后，就可以用它来训练人工智能系统。此外，最佳做法是保留一定比例的真实值加以验证，以便可以从实证角度验证人工智能系统的准确性。既然你对数据之于机器学习系统的重要性有所了解，那么让我们讨论如何找到和管护数据以实现你的用例。

在继续讨论真实值之前，先了解一种叫作分类器（classifier）的特殊类型的机器模型。分类器可以将输入划分为两个或多个可能的输出类。一个简单的分类器可能能区分巧克力糖和水果糖的图片，这种分类器有两个可能的输出类：①巧克力糖和②水果糖。可以进一步开发或扩展这种分类器，以识别特定类型的糖果的图片，比如①M & M，②Reeses，③Snickers，④Skittle，⑤Starbursts 和⑥Gummy Bears。介绍了分类器的概念之后，让我们继续讨论真实值。

构建人工智能模型时，通常主要有两种方法来建立真实值的分布。一种方法是为你想要识别的每个类都建立一个均衡的示例数。在识别手写字符图片的经典例子（也称为 EMNIST[1] 数据集）中，每个小写字母都有相同数量的训练样本，这意味着每个字母大约有 1 000 个样本，总共有 26 000 个训练数据样本。这将被视为一个均衡的真实值。

另一种方法是，训练数据可能会成比例地代表系统的使用方式，而不是均衡的真实值。还是使用小写字母的那个例子，成比例的真实值将意味着与字母 q 的训练样本相比，字母 s 的训练数据样本将更多，因为在英语中，s 是比 q 更常用的字母。但是，如果将人工智能系统用于另一种语言（如西班牙语），则每个字母的训练样本的比例必须更改，以确保真实值能够继续代表用户的输入。

通常情况下，建立均衡和成比例的真实值都是有效的方法，但是在一种情景下，均衡的真实值可能是更有优势的：在离群值检测的情况下，离群值非常罕见，它们在实际分布的总数所占比例不到3%。例如，在用于皮肤癌检测的图像分析中，大多数提交的图像可能不会显示某种形式的皮肤癌，但有少数会显示出来。在这种情况下，成比例的方法可能没有足够的训练样本来智能地识别离群值。相反，包括额外的训练样本的小类（代表皮肤癌的图像）才是重要的。因为代表性不足的类是一个离群值，你可能很难得到相同数量的训练样本，但是包括更多的样本将提高人工智能系统整体的准确性。

数据收集

在开始为机器学习系统管护数据之前,必须首先确定并获取数据。数据不仅可以来自你自己的组织,还可以从第三方数据收集机构或客服那里获得许可,或者从头开始创建(见图4.1)。事实上,人工智能系统常常依赖源自这些地方的数据。为了对此有更好的了解,让我们来逐一介绍一下这些途径和方法。

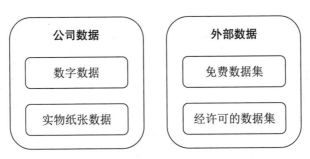

图 4.1 可用于训练人工智能模型的数据

内部数据收集:数字数据

由于技术触及我们个人生活的各个方面,所以很自然地,它在我们的组织中也无处不在。技术有助于我们提高效率,并让那些使我们的组织前进的平常的流程得到简化。通过阅读本书和应用人工智能系统,你将可以获得同样的一些价值。

碰巧的是,如果你的组织拥有所有的这些技术系统,那么会产生惊人的连带结果。它们通常能产生大量有价值的数据,销售、制造、员工和许多其他系统都会生成数据。数据以多种形式保存,从结构化的数据库到非结构化的日志文件。在这个大数据时代,数据的价值是众所周知的,因此大多数组织不管数据能否立即使用,都默认保存所有的数据以备将来,否则一旦发现数据有用,再也无法回到过去保存那些丢弃的数据。

一些组织选择在数据生成中扮演更积极的角色。为了提高业务决策的有效性,它们努力为自己配备有价值的数据,物联网和联网设备领域尤为如此。分销产品（无论是硬件还是软件）的公司能够收集大量的使用数据——从一个人每天使用产品的时间到正在（以何种顺序）执行的特定功能，有时甚至包括地理空间数据。

然而，如果你想构建一个人工智能系统，却尚未开始将数据收集作为优先事项，那么会发生什么情况？即使在这种情景下，你实际所拥有的数据也可能比你认为的更多。此时，有必要为你的组织进行内部数据探索并提出数据收集策略。数据探索的两个部分是数字系统和人工系统。

数据探索的第一部分包括识别和列出组织中使用的现有的全部数字系统。有了这份清单，就可以查询该系统内部存储了哪些数据。再次强调，这可以是由系统明确存储的数据（例如客户记录），或者是只保存在日志文件中的系统使用数据。询问这些数据是否容易访问或导出，以便用于其他系统（例如你正在构建的人工智能系统）。访问方法可能包括以下几种：

应用程序编程接口（Application Programming Interface，API）

数据集成的最佳方案是由现有系统提供一个文档齐全的应用程序编程接口来访问数据。应用程序编程接口是优先选项，因为它们是安全、容易且实用的访问方式，能够提供对数据的实时访问。此外，应用程序编程接口可以在存储的原始数据之上提供方便的功能，例如汇总统计数据或其他派生数据。应用程序编程接口（尤其是基于 HTTP 的应用程序编程接口）是公开数据的较新方法之一，老旧系统可能不具备此功能。

文件导出

如果系统没有便于数据导出的应用程序编程接口，那么它可能具有文件导出功能。这种功能可能存在于系统的用户界面中，它使最终用户能够以标准格式 [如逗号分隔值（comma-separated value，CSV）文件] 来导出数据。虽然这种方法得到官方支持，但可能只能导出某些数据，而不能导出所有的内部数据。例如，内部结构繁多的高度结构化数据可能难以用单个文件导出。该方法的另一个缺点是，通过编程方式访问可能不太容易，因此必须定期地手动导出。如果你要查找月度报告，这可能不是问题，但是这些报告永远不会像实时仪表板那样以最新的形式呈现出来。

直接连接数据库

如果系统不支持任何数据导出功能，也无法添加一个数据导出功能，你可以直接连接到系统的内部数据库（如果有的话）。这需要建立安全连接，即与系统使用的数据库连接起来，以便直接访问数据库表。尽管这种数据是结构化的，并且因以更易于使用，但是为了查看有哪些可用数据，你可能必须对内部表模式进行反向工程（reverse-engineer）处理。不过，在此之前，请与系统的供应商联系，看看他们是否有主题专家或者可以共享的文档。需要记住的是，要以只读方式访问此数据，这样就不会无意中影响应用程序。此外，你要知道，在将内部数据显示给最终用户之前，系统可能会以编程的方式转换内部数据。例如，如果数据库中有一个名为 `<code> circle_size </code>` 的字段，无法确定这表示的是圆的半径还是直径。此外，圆的单位也是未知的。数据库中的值是英寸、厘米，还是其他单位？如果没有来自供应商的源代码之类的文档，你只能将该值映射到系统的用户界面中，并对映射进行反向工程处理。

解释完数字系统的数据，现在是时候开始考虑可获得哪些非数字数据。

内部数据收集：实物纸张数据

数据探索的下一步是确定组织内所使用的潜在的手动过程。例如，医生办公室经常使用具体的表格以从病人那里收集每年的保险信息。这个过程会产生大量的数据，如果将数据手动输入后对其进行数字化处理，这些数据就会以实物的形式被锁定起来。实际上组织中的许多系统都具有实物成分，比如员工的考勤卡或者来自现场的检查报告表。这些实物数据正在等待被纳入分析系统。

这种数据是有价值的，但必须确定其价值的大小。实物形式的数据必须先进行数字化处理，然后才能用于创建人工智能系统。然而，对于大型组织或已经存在了一段时间的小型组织（例如医生办公室）来说，数字化并不是一件容易的事。因此，需要考虑决策与数字化数据所需的时间（和成本）。这些历史数据重要吗？可不可以在以后再开始以数字形式收集数据？

如果你确实认为实物数据有价值，不妨使用能够自动记录数据的数字系统，这样就不用人工输入了。例如，该领域的员工可能会使用带有移动应用程序的平板电脑来跟踪他们的工作时间和检查情况。这样，不仅把数据保存在历史记录中，仪表盘和其他系统也可以立即使用它。实施新系统并不是一蹴而就的，但是你越早投入此类系统，就越早从中获得更多的价值，实现更高的效率。

通过获得许可收集数据

如果你还没有开始收集数据，或者你需要的数据无法在内部收集，那么可能需要获得数据许可权。许多公司都采用以销售数据支持运营的商业模式。例如，One Signal[2] 公司免费向开发者提供易于使用的移动推送通知功能，这是因为该公司通过出售汇总数据，比如推广的电话号码及其使用时间来赚钱。脸书等其他公司提供的免费消费者服务，其实是通过为用户建立非常详细的个人资料，并允许广告商利用这些数据进行极其有效的推销来盈利（这种方法近来受到了严格审查）。在消费者希望得到免费服务的时代，这是隐私政策的内在设定。硅谷有句俗语：

> 如果你不为产品付费，那么你就是产品。

这些个人信息（尽管通常是匿名）也可以直接授权给其他人使用，你的组织也是如此。

为了确定数据许可是否可行，首先你可以看看是否有网站或公司拥有与你的目标相符合的可免费获得的数据集。如今，你可能会对网上众多的免费数据集感到惊讶。通常情况下，这些免费数据集是由公共机构、学界、或者数据爱好者发布的，以下是一些好的平台：

- data.gov[3]：拥有超过 20 万个公共数据集
- Kaggle[4]：提供竞赛数据的科学竞赛网站
- Awesome Public Datasets[5]：包含多个可访问数据集的索引

尽管这些数据集可能不完整，或者是由旧数据组成的，但它们可以成为审查潜在想法的一个很好的起点。

如果你很幸运，数据许可很适宜，那么可能就不需要进行许可数据搜索了。然而，如果你没有那么幸运，没有找到免费的数据集为你所用，那么此时就要把目光转向数据许可公司了。市面上有很多这样的公司，从小型集中数据集公司（比如将公司数据编辑成 CSV 文件出售的 Y Charts 公司[6]）到大型媒体机构 [比如拥有巨大内容库的汤森路透社（Thomson Reuters）]。同时，跳出常规思维，寻找你所关注的特定领域的科技公司也很重要。例如，如果你需要交通数据，可以从拼车服务获得数据许可。如果你需要地理空间图像，众多卫星公司会提供各种分辨率的图像。如果你生产的产品与他们的产品不构成直接竞争，那么他们很可能会允许你使用其数据。

如果你能找到一家公司，它可能拥有你需要的数据，但是没有公开数据许可权，那么有必要与他们进行对话。也许他们是受到当前隐私政策的约束，或者只是没有想到这种数据货币化策略。如果他们不知道需求的存在，可能就过早地放弃这个想法。无论如何，进行合作的对话是很好的开端。

非免费数据许可最主要的缺点之一是数据价格昂贵。大数据和人工智能的发展使得数据的价值比以往任何时候都更加明显。尽管如此，数据许可的定价，尤其是在大型交易中，可以根据你计划如何使用这些数据进行协商。例如，使用数据建立一个机器学习模型而不是直接向最终用户显示数据可能会更便宜。使用来自数据集的任何衍生或聚合数据可能更容易负担得起。此外，你的数据使用量也可能会影响到它们的定价。

一个由 10 名内部员工组成的小团队所使用的系统，使用数据为它提供支持，可能比将同样的数据提供给 100 万个最终用户要便宜。基于规模的定价可能对你有利，也可能让提供许可的公司因为你成功而获得更大的收益。最后，数据的新近性也能影响价格。获得去年的静态数据的许可可能比收到实时数据流更加便宜。再次强调，所有这些都取决于你的数据使用量，但是数据许可公司希望设定一个为双方建立长期经济利益的价格。

　　数据许可的另一个潜在缺点是，你在某种程度上受制于许可公司的数据。除非永久许可的支付条款已经确定，否则在将来的某个时候可能还得重新谈判。如果由于某种原因无法达成新的协议，你使用这些数据构建的系统可能突然变得毫无用处。尽管这种情况不太可能发生，但一定要记住，使用许可数据是有风险的。如果你的用例允许，对冲这种风险的一种方法是使用许可的数据引导（bootstrap）你的系统。也就是说，使用许可的数据来构建初始系统，同时也从人工智能系统中收集使用数据，以备日后使用。这种方法将使你能够使用所拥有的数据，并拥有是否要更新数据许可的选择权。

　　如果你没有所需要的数据，无论是因为你一直没有收集数据，还是因为无法收集数据，数据许可都是非常有效的获取数据的方式。

通过众包收集数据

　　我们已经讨论了通过组织内部和数据许可来获取数据，但是当你由于数据不可用、质量差或成本问题而没有得到所需要的数据并且无法获得数据许可时，该怎么办呢？在这种情况下，可以使用众包技术。

　　众包平台由两种不同类型的用户组成。第一类是有问题需要回答的用户。例如，如果我正在试图构建一个可以将图像划分为日间或夜间图像的分类器，就需要制作一个包含日间图像和夜间图像的打标签的训练集（labeled training set）。而未打标签的日间图像和夜间图像交给众包平台就可以了。然后，我可以在众包平台上创建一份工作，并注明问题："这是白天的照片还是夜间的照片？"然后众包平台通知其用户有一份图像分类工作有待完成。

众包平台的另一类用户是将要回答问题的人。通过回答问题，他们把自己的智慧注入你的人工智能系统。由于受到金钱的激励，他们能够快速、准确地回答问题。通常情况下，为了确保一致性，会向多个人问同一个问题。如果用户们对单一问题的回答不尽相同，原因可能是该图像本身模棱两可。如果某个特定用户的回答与其他用户出现许多差异，则可能说明该用户正在胡乱作答，应该将其从工作中移除，或者说明该用户对题目要求不甚理解。众包平台利用大数（large numbers）的力量来确保对提出的问题做出准确回答。

当足够多的用户回答了你的数据集的每个数据点的问题后，你将收到一份工作总结。这份总结既包括多个单独的回答，也包括一个对每个数据点的判断进行概括的观点。这些数据可以用来训练你的人工智能系统。

有很多可供选择的众包平台，它们涵盖的范围很广，从"答案廉价但质量低"的平台到"昂贵但数据质量高"的平台，应有尽有。这几个平台你可能会感兴趣：Figure Eight[7]、Mechanical Turk[8] 和 Microworkers[9]。

众包是一种给数据集打标签的好方法，这样数据集就可以被用作机器学习系统的训练数据，但是它也有一些其他的局限性。例如，如果一开始就没有数据，则很难使用众包平台。也就是说，众包工作常常采取调查的形式，在调查中，你让用户要么基于数据作出一些判断，要么基于数据完成一些枯燥的查找任务并给你提供结果。如果你真的没有数据，可以看看现有的智能系统，为你的众包工作播下种子。

利用现有系统的力量

在数据集免费理念的影响下，已经有许多智能系统可用于生成数据集。例如，谷歌搜索结果给你提供与特定关键字相关的页面数据集。类似地，可以从图像网站（如谷歌图像或 Flickr）创建初始图像数据集。只要确保根据你的用例选择适当的数据许可筛选即可。

让我们继续前面提到的，以构建日间和夜间图像分类器为例。如果我们需要一组打标签的日间和夜间的图像用于训练，我们可以动员用户在一个众包平台上为我们给图像打标签；或者使用现有系统的功能：我们可以使用谷歌图像搜索功能搜索"日间图片"，然后使用浏览器扩展程序下载该页面上的所有图片。所有日间图像下载之后，人们可以轻松地浏览它们，并去掉任何非"日间"的图像。我们也可以以同样的方法来搜索"夜间图片"，以获得一组夜间图像。这样，在30分钟的时间内，很容易形成包含600张图像（每种类型各300张）的集合，从而构建出日间/夜间图像分类器。

尽管这种方法是快速获取打标签的训练数据的好方法，但是你也可能会选择最终许可打标签并准备好训练的数据集。即使是这种情况，使用智能系统快速生成数据集，可以帮助你不需要大量的前期投入就能测试一个想法，这样就能试探性地对众多相互竞争的想法进行排除直至选出最有前途的想法。

数据科学家的角色

要完成所有这些数据管护和转换任务，离不开一个有技能的人。数据科学家是开拓者，他们与企业领导者合作，通过理解、准备和分析数据来预测新兴趋势。他们能够获取原始数据，并将其转化为可行的商业洞见或预测模型，以供在整个组织中使用。图4.2是一则数据科学流程示例。

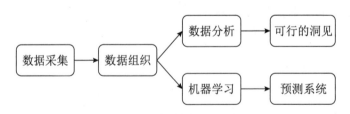

图4.2　典型的数据科学流程

数据科学家还应用人工智能技术来辅助人类，以便作出更明智的决定。典型的数据科学家拥有以下几方面的背景：

- 数据存储技术
- 机器学习/深度学习

- 自然语言处理
- 数值分析和分析软件

数据科学在每个现代组织中都有一席之地，如果你的组织还没有数据科学的位置，那么考虑它是有意义的。对于数据科学家来说，熟悉你现有的数据系统是件好事，但即使不熟悉，大多数有经验的数据科学家也能快速投入到新的数据环境中。分析语言往往具有类似的功能，而库（libraries）主要的区别仅在于句法。

请记住，随着数据量不断增长，你将需要更多的数据科学家。

反馈环路

就软件开发过程而言，反馈环路（feedback loops）在开发人工智能系统时非常重要。人工智能系统产生的输出的质量的基础，是用于训练它的数据集。一个糟糕的训练数据集会导致各种各样的灾难式输出。

数据科学家的一个目标是看管这个过程，并确保每个反馈环路都能保持数据的质量和完整性。每个环路都是朝着既定目标的一个冲刺，在每个冲刺结束时，最终用户或主题专家都应该给出反馈，以确保从敏捷环路应用中获得最大收益。由此产生的反馈应该是建设性的，不仅要关注"哪里出错了"，还要关注"如何改进下一次迭代"。

反馈环路有助于组织创建一个更快的可用程序。通过对功能的定期检查，反馈环路将确保尽早发现错误，从而有助于减少由于项目发生错误而导致成本上升情况的发生。如果开发时间花在纠正过去的错误上，就会产生错误成本。通过反馈，项目经理会获得信息，进而更快地修正路线。由于在每个冲刺结束时都会给出反馈（通常是每两周一次），可以确保工程时间不会浪费在无效或"很少使用"的特性上。

主题专家是这一过程的核心。他们将帮助工程师找到人工智能的漏洞和不准确的预测。主题专家提供的反馈最为重要，未来的发展冲刺要在考虑到这些反馈之后才能进行。

亚伯拉罕·沃尔德（Abraham Wald）是"二战"期间研究战时问题的统计学专家。在评估美国轰炸机以加强其结构的问题上，最初的计划是加固飞机上被子弹击中的地方，但沃尔德认为，分析的对象只是幸存下来的飞机，而不是那些被彻底击落的飞机。因此，仅仅加固这些有弹孔的地方是不明智的，因为尽管有弹孔，飞机显然还是幸存了下来。作为主题专家，沃尔德帮忙节省了成本，并实施了更好的方案——对发动机周围进行巩固，因为那些地方被击中更有可能是飞机没有从战斗中返回的原因。由此可见，主题专家给出的反馈不容忽视。

反馈应该是建设性的，而不应只是批评现有的计划。要放眼未来，但要注意不要陷入沉没成本谬误。沉没成本是指过去已经付出且无法收回的成本。由于这些成本无法收回，未来的决定不应该受其影响。举例来说，支持部门决定开发一种聊天机器人。经过两个月的开发，若遇到无法解决的问题，或者完成项目的成本可能超过潜在的收益，那么项目经理应该敢于放弃整个项目。过去已经发生的成本不能决定项目的未来可行性。反馈环路有助于防止蝴蝶效应破坏项目。人工智能代码的本质决定了项目开始时的一点小错误，比如选择错误的数据集，可能会在项目后期酿成大错。在项目开始时修复错误的成本更低。因此，反馈环路有助于尽可能在最早的阶段发现和纠正错误。

当人工智能程序处于学习或"训练"阶段时，它可能会变得过度拟合。过度拟合（overfitting）这一技术术语指的是人工智能开发的模型只适用于训练和验证数据集。在这种情况下，应该对增加数据集的可变性或更改模型参数给出反馈。

测试一开始就应该给出反馈。反馈必须具有前瞻性，并且清晰、简洁和直接。它应该重点关注人工智能的输出以及开发是否符合项目开始时设定的目标。每次冲刺结束时，都要对系统进行彻底的测试，并作出适当的路线修正。

数据可访问化

数据收集之后，通常存储在组织的数据仓库中，数据仓库系统将数据集中存放在一个中心的位置，以便于分析和训练访问。无论数据怎样储存，重点在于组织现在已经以一种集中的、可访问的形式拥有了它所需要的所有数据。在构建人工智能系统时，能够访问必要的数据至关重要。

拥有数据和能够用它来训练人工智能系统是两码事。组织中的数据有时可能储存在筒仓内，这意味着每个部门都在维护自己的数据。例如，销售和客户数据可能存储在客户关系管理系统（customer relationship management，CRM）中，比如 Salesforce[①]，而运行数据则单独储存在车间数据库。这种分开存储的方式让人难以对组织内的所有数据形成一个整体的看法。

将数据存放在筒仓里有一定的局限性。例如，如果想把客户记录与客户转化率相联系，这在筒仓结构的系统中几乎是不可能的。为此，组织将需要构建一个数据平台，将所有放在筒仓里的数据收集并编辑到一个中心的位置。像 Apache Hadoop[10] 这样的平台提供了一种创建集成模式和同步数据的方法。建立这些数据并释放其价值，这项任务非常适合数据科学家这一新建的角色。

数据治理

数据是人工智能的基石，理解、获取和使用任何数据的道德和法律影响非常重要。作为一个应用于许多技术领域的术语，治理是指要确保流程遵循最高的道德标准，同时在精神上遵循法律规定、遵守法律条文。如今，我们能够获取大量数据，这些数据大多来自客户的各种设备，绝大多数内部数据通常也是客户数据。无论数据来自何处，伴随着存储大量数据而来的更大问题是确保其安全性。作为数据的持有者，组织有责任在未经用户同意的情况下不向第三方披露用户的任何数据。对于良好的防盗和监管实践来说，数据隐私不能仅仅是在信息被窃取后才想到的问题。如果设计数据存储系统时考虑到了安全性，那么可以在很大程度上阻止黑客的攻击企图。

---

① 译者注：一家 CRM 软件服务提供商。

数据治理应确保数据用于推进组织的目标,同时要遵守当地的法律和道德要求。在道德方面,不应该在未经数据相关个体同意的情况下获取数据。此外,相关个体以及数据的所有者都应该了解数据将用于什么目的。未经用户明确同意而收集的数据不应该使用,也不应该收集。用户浏览器的"不跟踪"请求也应该得到尊重。大多数现代浏览器允许设置此选项,但具体实施则取决于网站各自的信用度。

完整的数据治理应该成为目标,但是组织的想法可能需要一段时间才能成熟,所以最初的重点应该是改进流程和避免重复的错误。在数据管理中,要采取积极主动的方法,因为滥用数据可能会产生巨大的潜在影响。很多公司在关键数据泄露之后就破产了。

下面列出了一些数据政策措施可以作为数据治理的良好起点:

数据收集政策

要让用户知道正在收集哪些数据,以及数据将存储多长时间。不要采取暗示同意而不是明确询问用户的隐晦设计模式。数据收集应该是"自主选择"而不是"默认全选",换句话说,数据收集不要在默认情况下开启,也不要在没有特定用户批准的情况下进行。如果数据将要发送给第三方进行处理或存储,也要预先通知用户。智能数据收集政策对建立商业信誉和提升客户满意度大有帮助。

加密

尽管用户数据仍不受保护,但对敏感信息(如信用卡信息)加密已成为标准的行业惯例。对数据进行加密,可以减轻数据泄露造成的影响。加密与否可能是破产事件和公共关系问题的唯一决定因素。显然,有必要对用于加密数据的密钥和密码加以保护。如果密钥泄露,要将其撤销,密码也要更改。

用户密码哈希

在某些领域,例如用户密码,可以应用一种叫作哈希(hashing)的技术来代替加密。哈希是一个将用户密码转换成唯一文本字符串的过程，该字符串只能由原始密码生成。这个过程只能单向操作，这意味着没有办法从哈希字符串中检索原始密码。例如，密码password123（这是一个不安全的密码）可以使用哈希函数转换为字符串 a8b3423a93e0d248c849d。然后，将不是真实密码的哈希密码存储在数据库中。下次有用户想要登录系统时，用户提供的密码要先经过哈希处理，再检查是否与已存储的哈希密码相匹配。这样，黑客窃取的只是毫无价值的哈希密码，而不是原始密码。这一层额外的保护非常有助于在多个网站使用相同密码的用户（当然不推荐此做法），因为黑客一旦有了密码，就会尝试在其他流行网站上使用相同的电子邮件和密码组合。

访问控制系统

所有数据都应该根据其对用户和公司的重要性以及是否包含用户的个人数据或公司机密等因素进行评估分类。例如，数据可以分为"公开""内部""受限"或"绝密"。根据数据的分类，建立并遵循适当的安全措施。访问数据必须受到控制，只有经过批准的用户才能被授予访问权限。

匿名化数据

如果需要将数据发送给第三方或其他不太安全的内部组织，则所有潜在的识别信息，如姓名、地址、电话号码和IP地址，都应该从数据中删除。如果给个体分配一个唯一的号码，也要对该号码进行随机化和重置处理。未经用户充分同意，不得与第三方共享任何数据。

创建数据治理委员会

如前文所述，数据治理是所有组织数据策略的关键部分。为了制定最初的数据治理政策，可以组建一个数据治理委员会。委员会将通过研究全球最佳实践来制定组织的数据治理政策，例如《通用数据保护条例》（General Data Protection Regulation，GDPR）、《健康保险携带和责任法案》（Health Insurance Portability and Accountability Act，HIPAA）条款（稍后将详细介绍）等。委员会应该由能够推动重大决策的人员组成。为了保护数据面临风险的人们的权利，委员会在必要时可以通过与组织目标相悖的艰难决定。

启动数据治理

大多数情况下，更容易的做法是先使用现有的一套数据治理规则，然后调整这些规则以适应你的组织。对于可能尚未建立的政策，数据治理委员会帮助作出关键性决策，树立先例，然后随着组织的发展和壮大，制定更新的政策来处理更多数据。这一过程有助于确保治理数据的成本不超过所获得的收益。

《健康保险携带和责任法案》

《健康保险携带和责任法案》规定了在医疗数据方面要遵循的程序和要采取的保障措施。如果你正在处理医疗数据，那么从一开始遵守这些法律法规至关重要。

2013年，《健康信息技术促进经济和临床健康法案》（Health Information Technology for Economic and Clinical Health Act，HITECH Act）也得到实施。该法案强制要求影响500人及以上的违规行为需要向美国卫生与公众服务部（U.S.Department of Health and Human Services）、媒体和受影响的人们报告。只有经过授权的实体才可以访问患者的医疗数据。

鉴于此，组织应该注意所获取的数据不违反 HIPAA 或 HITECH 的任何规定，并且数据的来源合法且合乎道德。

《通用数据保护条例》

2018年，欧盟推出了一套新的隐私保护政策，被称为《通用数据保护条例》。无论用户是否存储了数据，这套隐私政策都把用户视为数据所有者。根据《通用数据保护条例》，数据收集必须清晰明确，任何暗示性同意——比如"细则"规定了注册账户意味着你的数据可以被自动收集——都是违反该条例的。这一条例还规定，删除用户数据的请求应该像同意表格那样简单。《通用数据保护条例》要求用户了解他们在该政策下的权利，以及他们的数据是如何被处理的、哪些数据正在被收集、这些数据将保存多久，等等。《通用数据保护条例》在保护用户隐私方面迈出了正确的一步，其旨在保护用户免受数据收集者和不道德的数据收集的侵害。

根据《通用数据保护条例》，责任和问责已经完全落在了数据收集者的肩上。数据控制者有责任不向未经授权的第三方透露数据。该条例还要求数据控制者须向监管机构报告任何侵犯隐私的情况；但是，如果数据是以加密形式披露的，则对通知用户不作强制性要求。

尽管这些法规在法律上仅适用于欧盟用户，但如果你为全球用户采用《通用数据保护条例》政策，将使你的组织走在法规遵从和数据治理实践的前列。

你在对数据负责吗？

你应该将保护数据视为一项关键的任务，而不是把它作为一种事后才考虑的问题。对于以人工智能为导向的组织来说，数据是所有研究活动的基石。好的数据会带来更好的决策，而计算机行业的那句老话"垃圾进，垃圾出"如今仍然适用。用合乎道德的方式获取数据将增加商誉，并使你的组织保持行为合法。数据治理似乎是一项艰巨的任务，但有了一份可靠的计划，数据也可以像其他事物一样得到管理。

你做好数据准备了吗？

数据对于任何组织来说都是至关重要的，而在构建人工智能系统时，数据更是必不可少。盘点你所有的数字系统和手动系统来查看正在生成什么数据非常重要。这些数据是否能够满足你的系统需求？你要开始考虑是数据许可还是要开启众包模式？你有合适的人才（比如数据科学家）

来实现这一点吗？你是否建立起数据治理模型？回答了这些问题之后，你即可准备进入下一步：原型制作。

隐患

以下是你在数据管护与治理过程中可能会遇到的一些隐患。

隐患1：数据许可不足

获得充分的数据许可是至关重要的。在系统即将启动之时，给你的用例使用未经许可的数据极易使系统脱轨。有时候，开发人员会以探索的名义随意使用和处理数据，说"我只是想看看这种方法是否会奏效"。随着时间的推移，解决方案是使用这种"临时"数据构建的，而销售和营销团队却在不知道数据尚未得到许可的情况下使用了它。因此，数据许可问题在用户进入系统之前浮出水面是最好的。最坏的情况是，在数据所有者对你的组织提起法律诉讼时，你才发现出了问题。为了防止这种情况发生，进行最终的审查（更好的是定期的审查）必不可少。应复查所有用于构建系统的数据，这种审查还应该包括确认第三方代码包，因为它往往是另一个为了探索而忽略许可的领域。

隐患2：没有具有代表性的真实值

这个隐患主要与数据在训练机器学习系统中所起的作用有关。特别挑选的数据将成为系统的真实值，也就是将用于提供答案的知识。真实值要包含回答这些问题的必要知识。例如，假设你正在建立前面提到过的日间和夜间图像分类器，但如果你的真实值没有任何夜间图像，那么你的模型就不可能分辨夜间图像。在这种情况下，真实值对于给定的目标用例来说并不具有代表性，它应该包括你希望识别的每一类训练数据。

隐患3：数据安全性不足

要使信息有用，必须满足三个主要条件：保密性、完整性和可访问性。然而，实践中，可访问性和完整性超过了保密性。为了确保符合法律、道德和成本效益，安全性不应该是事后才想到的问题，尤其是对于你的数据存储系统而言。因此，要从项目一开始就精心地设计数据存储方式。数据泄露会在客户当中导致重大的信任问题，代价高昂，很多公司就是因为安全保障不力而破产。客户数据要以加密格式存储，这样可以确保即使整个数据库被泄露，这些数据对黑客来说也毫无意义。要确认所选择的加密方法具有足够的密钥强度，并被用作行业标准，如RSA加密算法（Rivest–Shamir–Adleman，RSA）或者高级加密标准（Advanced Encryption Standard，AES）。密钥大小要足够长，以避免被强力破解。撰写字符时，只要超过2048位就足够了。密钥不要与数据存储在相同的位置，否则，就算你拥有世界上最先进的加密技术也无济于事。

员工也需要接受最佳安全实践方面的培训，人类几乎一直是数据链条中最薄弱的一环。鱼叉式网络钓鱼（spear phishing）是一种对组织中的关键人员进行针对性网络钓鱼诈骗的手段，只有对员工进行充分的培训，才能抵御这种诈骗。重要的是，培训对象不仅要包括员工，还要包括你正在使用的任何签约的资源，以确保他们接受最佳安全实践的培训。培训组织的经理、工程师和其他资源并使之得到强化（就像培训和强化你的软件一样）是避免安全危害的最佳方法。

计算机安全是黑客和安全研究人员之间的一场较量。在这种情况下，取胜的另一个关键因素是尽快对一切漏洞进行修补。由专业的渗透测试人员对基础设施和服务器进行审查，将对实现组织的安全目标有很大帮助。这些专业人士运用黑客思维，使用与黑客相同的工具尝试入侵你的系统，并给你提供能够提高安全性的精准建议。虽然获得安全性不可能一蹴而就，但是从设计阶段伊始就迈出第一步并考虑到安全性是很有必要的。

隐患4：忽略用户隐私

暗设计（dark design）是诱导用户泄露隐私的设计选择。这些设计使用户在并不理解条款的情况下，同意对方对他们的数据进行分析或存储。要从道德和法律层面避免暗设计。随着世界进入人工智能时代，收集和存储的数据比以往任何时候都要多。将用户许可记录下来，并且让用户对记录的目的有所了解，符合所有相关各方的利益。判断你的设计选择是否合乎道德的一个快速方法是，核查对数据收集和分析回答"否"是否会给用户带来超出分析结果的惩罚。

如果使用第三方供应商进行数据分析，则必须确保数据的匿名化。这是为了减少第三方滥用数据的可能性。对于第三方供应商，有必要采取进一步的措施，如行级安全、记号化等类似的策略。如果允许第三方代表你收集数据，那么进行软件检查以确保合同条款得到遵守是非常重要的。脸谱公司仅仅依赖剑桥分析公司（Cambridge Analytica）实践中的良好属性且假定其诚信，结果剑桥分析公司滥用了其服务条款。进行软件核查，确保第三方只能访问他们合同中定义的数据，会大大缩小剑桥分析公司的覆盖范围，因为这样它就无法收集测试者的朋友们的数据。

在精神上尊重用户的权利和隐私是一个过程。尽管成本可能很高，但考虑到现在可以收集和分析的数据量，这一点很有必要。当大量的数据被输入进自动决策的人工智能系统时，有可能造成不确定和不必要的痛苦。正因如此，有必要实施一些政策，让用户意识到他们的数据将被如何收集、如何分析，最重要的是，与谁分享。

隐患5：备份

尽管现在大多数人都明白备份的重要性，但他们常常不能执行正确的备份程序。一个好的备份计划至少应该包括以下步骤：备份数据（原始数据、分析数据等），安全存储备份，并定期测试备份修复。最后一步经常被遗漏，从而在系统实际崩溃时引发问题。未经测试的备份无法恢复丢失的数据或者恢复时产生错误且需要大量时间，会耗费组织更多的时间和金钱来解决这些问题。为了解决这一问题，你应该定期恢复完整备份，并确保在操作备份系统时一切运行正常。你应该在每年的预选日期执行完整的数据恢复操作，所有运行的系统都要加载来自备份的数据。这样的模拟演习将识别潜在的工程问题，并帮助找到其他问题，使你能够在实际需要的情况下制订一个连贯可靠的修复计划。

由于云存储变得如此普遍，所以有必要记住，云只是"另一个人的电脑"，它也有可能崩溃。尽管云解决方案可以依靠规模经济和行业专家的智慧，通常比自主开发的解决方案更稳定，但仍然存在问题。仅仅依靠云备份可能会让你的生活在短期内变得轻松，但这不是一个好的长期策略。因为云提供商可以关闭他们的系统；当你需要执行关键数据的恢复程序时，他们也可能会停机。因此，有必要做内置和外置的物理存储介质备份，还要定期测试这些物理备份，定期升级硬件，以确保在出现危机时一切都能顺利运行。

所有数据备份也都要加密，这对于防止不法员工直接拷贝物理媒介或将其拿回家尤为重要。有了加密备份，你就多了一份安心，你的客户也会高枕无忧，因为他们知道自己的数据是安全的。

行动清单

——确定可用于训练系统的内部和外部数据集。

——若数据当前不容易访问，让数据科学家执行数据整合活动。

——了解适用于你的组织的数据保护法律并加以实施。

——任命一个数据治理委员会来监督与数据治理相关的活动，以确保你的组织保持在正确的轨道上。

——为组织的数据活动制订数据治理计划。

——为你的组织如何使用被访问的数据创建并发布数据隐私政策。

——建立一些数据安全保护措施，如使用数据加密、为员工提供安全培训，以及与"白帽"（white-hat）安全公司建立关系。

注释

1. www.nist.gov/itl/products-and-services/emnist-dataset
2. https://onesignal.com

3. www.data.gov
4. www.kaggle.com/datasets
5. https://github.com/awesomedata/awesome-public-datasets
6. https://ycharts.com
7. www.figure-eight.com
8. www.mturk.com
9. www.microworkers.com
10. http://hadoop.apache.org

第 5 章

原 型 制 作

项目定义、数据获取和管护完成后，就该着手创建解决方案的原型了。作为解决方案的初始模型，原型能够让项目的利益相关者及早提供反馈并作出必要的路线修正。此外，由于原型必然是功能的垂直切片，所以通过构建原型，可以对整个项目的现实情况进行检查，从而对技术堆栈（technology stack）的大多数要素的协同运作情况进行测试。

假设你的用户故事在项目计划步骤中有一个最初的优先次序集合，那么排在最前面的几个用户故事应该在原型中得以实现。这样，当初始原型完成时，就能立即看到商业价值。需要注意的是，在这一阶段，你所处理的用户故事组合应该利用计划系统中绝大多数的技术组件。例如，如果使用某个特定数据来源的训练数据对系统的成功至关重要，那么为原型步骤所选择的用户故事中，应当确保至少有一个要用到该数据。

是否有现成的解决方案？

在你准备花费资源着手构建人工智能解决方案之前，应该先问一问自己"我的问题是否可以被现有的解决方案所解决"。例如，如果一家企业希望为其客户提供简单的自动聊天功能，那么很可能存在着一种可以直接购买或按月获得许可的一体化解决方案。当然，这总是会涉及某些配置问题（例如，我的客户可能会提出什么具体问题？），但与从头开始构建解决方案相比，现有的解决方案可能更便宜，而且准备的速度更快。这里介绍几种查找现有系统的方法。

要想了解市场上是否有完整解决方案，第一个方法是在互联网上搜索你的问题。毕竟你所遇到的问题，其他人有可能也会遇到。例如，搜索"自动聊天机器人产品"，会弹出大量的产品比较信息和产品评论。如果是影响面甚广的问题，往往会吸引那些有创业精神的人的注意，他们会想方设法去解决这类问题。于是，这些人可能会开始创业，并努力使企业发展壮大。在这个过程中，他们常常会在线打广告和进行自我推销。所以如果你输入恰当的搜索词，有可能在线上找到大多数常见问题的解决方案。

寻找现成的一体化解决方案的另一个途径是与其他具有类似能力的企业进行交流。如果你发现自己是另一家拥有自动聊天技术的公司的客户，那么就去联系一下该公司，看看它采取了什么路径来提供这种能力。是购买了解决方案还是使用开源技术来构建自己的解决方案？以前尝试过的方法有哪些失败了？还收获了什么其他"经验"和实用技巧？如果你的企业不是它的直接竞争对手，那么它通常还是很乐意提供帮助的，尤其是涉及开发新技术的时候。随着你在人工智能应用的道路上越走越远，你很快就能成为它的盟友，也可以将自己的经验教训分享给他们。

直接向同行企业咨询的另外一个好处就是可以避开网络搜索引擎的营销伎俩，反而可以与使用该技术的真实用户交流，听取他们从初次设置到后续使用该产品过程中的真实客观的感受，甚至能深入了解供应商对客户的服务情况。如果某个供应商拥有世界上最先进的技术，但对客户的支持请求却无动于衷，你可能最终决定不使用该技术；或者当你寻找具有更好支持服务的供应商时，决定暂缓使用该技术。

了解你的问题是否有现成的解决方案的最后一个方法是参加行业会议。如果你遇到的问题只是普通问题，那么针对商业人士所举行的人工智能会议是研究解决方案的一个好地方。会议汇集的都是人工智能专家和商业领袖，他们很了解现有解决方案的最新情况。由于这些人一起参会，他们之间可能有密切的联系，能够给你推荐那些遇到过类似问题并已成功解决的人们。

雇佣人才还是签约人才

如果没有现成的解决方案可供选择，你需要在原型制作阶段开始时问问自己："我有没有一支能够成功构建人工智能解决方案的工程队？"这支工程队由数据科学家、开发人员、机器学习专家等人员组成。对于中小型企业来说，其核心竞争力并不在于技术，那么上述问题的答案可能是"否"。即使对于一直坚持使用传统技术的大型企业来说，这个答案也常常可能是"否"。如果是这种情况，你就需要作出决定："我是要建立自己的团队，还是要寻找并同已经组建好的团队签约去做需要完成的一项或多项工作？"如果你想对工作设定明确的截止日期，或者你已经要求工程队仅搭建一个人工智能系统，那么可以考虑把工作外包给成立时间长的公司。凭借现有的经验，它能够更快地推进项目，帮助你规避初学者可能会遇到的各类隐患。

寻找公司

在某些方面，寻找一个值得信任的承包公司为你交付人工智能系统，就像雇用一个员工。比如，你需要查看他以前的工作案例，完成这些工作案例的能力要与你对人工智能系统所期待的能力相近。大多数公司都能够提供相近项目的案例研究文档。要求观看这些系统的现场演示也是继续对话和审慎调查的好方法。详细咨询它们的系统现在是否仍在使用，如果不是，问明原因。此外，询问它们是否有长期合作的客户。如果它们的客户在未来的项目中希望继续与之合作，就是一个好的迹象。

同时，你还要确保正在考虑合作的公司能够对它所建的系统产生的影响进行量化。在公司提供的案例研究中寻找衡量指标，没有什么比实实在在的数字更能说明问题了。例如，"我们的人工智能系统使人工处理的支持请求减少了30%"，这句话就能很好地表明，它们公司的人工智能系统发挥了一定的作用，实现了它们所描述的价值。

选择一个公司合作，你其实是在为它在某个领域的专业性埋单，比如人工智能领域。因此，你也要确保该公司不仅仅能服务客户，还应当被公认为该领域的行家。例如，询问它是否活跃于人工智能领域，诸如参与人工智能会议、撰写相关文章或者开展自己的人工智能研究。如果该公司参与其中，则是一个积极的信号。通过查看这些材料，可以让你对它的专业性有一个更详细的了解。

最后，你可以向公司索要其之前的客户提供的客户证明书来获得第一手观点。索要的证明书不仅要介绍该公司交付的技术能力，还要包括它是如何在个人层面上开展合作的。大多数项目会持续几个月甚至更长的时间。你正在考虑合作的公司也许会给你带来惊喜的结果，但是如果它漫不经心，难以合作，那么造成的个人伤害将超过所获得的好处。

混合法

虽然本节介绍了可以对整个人工智能解决方案进行外包这一方式，但这并不是说只能使用外包。设想一下，你的团队对计划使用的五项技术中的四项技术拥有丰富的经验，唯独缺少拥有与自然语言界面相关的用户体验技能的工程师，尽管雇用一个有奉献精神的人来充当这个角色是一种选择，但通常情况下，尤其是在较小的公司，没有足够的工作让这样的人100%地发挥作用。相反，通过签约资源的方式来实现这个角色可能是最好的。

你支付的费用按每小时计算可能会比你聘用员工要多，但是如果你只为所使用的时间付费，就能大大弥补差额。此外，与必要时充当自然语言用户体验设计师的开发人员相比，这个人更具专业性。这种额外的经验会带来回报，因为他们会利用自己的专业知识来提高时间效率，生产出质量更高的最终产品。

在将一项特殊技能外包给个人时，亲自找到那个人并直接与之签约而不是通过公司，可能更好。的确，寻找和审查个人承包商需要做更多的工作，但付给个人的费用要比付给作为公司一员的自然语言用户体验设计师的费用要低。像 Upwork[1] 或 Freelancer.com[2] 这样的网站可以将你与世界各地的个人承包商连接起来。虽然这些资源会更加便宜，但能否找到他们具有不确定性。在找到做某项工作的合适人选之前，你可能不得不经历一番仔细的查找，这些都是你在为项目配备人员时必须权衡的事情。

Scrum 概述

在原型开发期间，为了保持灵活性，我们建议使用敏捷的 Scrum 框架来审视并规划你的开发活动。为了在这方面给你提供帮助，接下来的两节将重点解释这一框架下的术语。要想阅读更多关于 Scrum 框架的内容，你可以参考由肯·施瓦伯（Ken Schwaber）和杰夫·萨瑟兰（Jeff Sutherland）两位专家所维护的 Scrum 文档。[3] 在 Scrum 框架下，团队主要分为三个主要角色：

产品所有者

产品所有者负责 Scrum 团队的业务端，他们签订演示协议并确保开发按照既定的时间进行。产品所有者的工作是对积压待办的用户故事进行排序，计划每次冲刺的重点。

Scrum 大师

Scrum 大师是负责开发团队坚持工作并且不分心的人，他们的工作是确保开发团队收到完美地完成工作所需的关键输入。Scrum 大师的部分职责还有确保 Scrum 和敏捷得到遵循，并被不同的利益相关者所理解。

开发团队

开发团队是一个跨学科团队，通常由不超过 10 名成员组成，他们的职责是交付产品发布和演示。该团队具有跨职能性，开发人员要尽可能多地承担其他人的工作。开发团队负责清理产品积压，并且确保解决方案按照既定的时间表交付。

Scrum 流程由三个不同的部分组成：

冲刺计划

在 Scrum 流程中，开发是在两周到一个月之间分几个阶段完成的，这取决于开发团队和日程表。每个阶段都被称为一次冲刺（sprint）。每次冲刺开始时，团队讨论并设定冲刺的目标。设定目标要确保在冲刺结束时产生系统的一个新的工作"片段"（piece）。目标通常是选择确定了某项功能的用户故事。根据用户故事和团队的规模和复杂性，在一次冲刺中可以完成多个用户故事。随着开发的进行，对以前开发的代码的错误进行修复也将包含在冲刺计划中。

每日站立会议

每日站立会议是一种日常会议，时间不超过15分钟，每个开发团队成员可以在这段时间里讨论各自的工作进展和当天的计划。这种会议需要严格限定时间。通常每个开发人员都要回答三个同样的问题："我昨天做了什么？""我今天打算做什么？""我遇到了什么障碍？"每日站立会议由 Scrum 大师主持，同时 Scrum 大师也负责帮助解决开发者发现的不能解决的障碍。

冲刺评审

在每次冲刺的最后，都要进行一次冲刺评审，讨论哪些用户故事已经完成，哪些用户故事被推迟。应该向产品所有者和其他利益相关者展示系统当前运行情况的演示，以收集反馈，从而调整下一次冲刺的路线。在评审中，还要审查在冲刺的开发过程中哪些方面出现差错、哪些方面进展顺利。我们将在下一节进一步讨论反馈。

需要注意的是，敏捷和 Scrum 都属于一种框架，必须灵活使用，不一定非要遵循整个过程。你可以从中挑选合适的内容用于你的项目和团队。其目的是集中开发能够带来真正价值的用户故事，而不是制造一成不变的繁文缛节。

用户故事的优先次序

随着原型开发工作的持续,很可能需要调整用户故事的优先次序。产品所有者有责任确保项目路线图清晰明了、有先有后,这也是做对事情的关键;否则,冲刺阶段最后的演示可能只包含低值的特性,甚至是不能解决当前问题的特性。产品所有者的主要职责是确保这种优先次序的合理性和可实现性。

冲刺结束时制作的每个演示都应该是整个系统的一个工作片段,解决方案要迭代地增长和实施。没有考虑到全部功能的演示不能进行测试,并将完全根据其代码决定是被摒弃还是被接受,因为它可能导致决定错误和项目期限延长。例如,在用于哈希和存储密码的客户数据库和程序被编码之前,如果开发了客户密码更改表,将导致演示不可测试。

为了正确划分优先级,要采用价值点数(value points)和故事点数(story points)相结合的方法。价值点数是产品所有者根据同理心地图和对用户要求和需求的理解制定的,而故事点数应该由开发团队分配,对每个用户故事的难度或/和所需工时进行评估。

首先,必须对每个用户故事进行价值分析,并根据它们的价值划分等级。这里的"价值"可定义为用户通过使用用户故事生成的演示所获得的好处,以及对其进行编码需要的工时所进行的一种权衡。价值点数是抽象的点数,可以遵循任何统一的评分方法,例如基于斐波那契数列(Fibonacci Sequence)(1,2,3,5,8,13)的方法。

使用经过改进的德尔菲法可以帮助产品所有者正确估计使 Scrum 团队参与这一过程所需的努力。Scrum 团队可以为每个用户故事分配故事点数,可以对于出现分歧的故事进行讨论。讨论不同的意见,重新分配故事点数,直到团队达成一致。在分配故事点数的过程中,需要在授予任何点数之前迭代地确定每个用户故事的大小。点数可以是任意的数字系统,比如在 Scrum 中传统上使用的斐波那契序列,或者像 S,M,L和 XL 这样的 T 恤衫尺寸,等等。

项目经理根据故事点数和它们的价值点数对每个故事进行分类。最先分出来的是对用户价值最大以及故事点数匹配最为复杂的故事。使用这种方法进行项目规划，将确保你避开先做简单和低值的任务却无法完成困难任务的隐患。

开发反馈环路

正如上文提到的那样，避免项目出现重大问题的首选方法之一是尽早识别并纠正错误。这样，就可以在正确的基础上编写好的代码。假设你在开发原型的同时使用敏捷方法，在每次冲刺的最后，都应该获得新的功能。这种功能可以在之后加以验证，以确保它能够实现已识别的用户故事。如果该功能不起作用，或者更有可能的是，它起作用但执行的功能与用例要求不同，那么利益相关者就需要大声说出来。这样，可以在随后立即调整开发路线，从而给将来的工作省下几个小时或几天。这种反馈可以用来调整人工智能管道（AI pipeline）的任何部分，如图 5.1 所示。

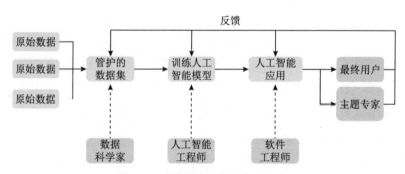

图 5.1　反馈所涉及的阶段和角色

将反馈环路变成标准流程的最佳方法之一就是通过前文所提到的冲刺评审来实现。冲刺评审通常在每次冲刺的最后进行，开发人员和利益相关者都需要参与其中。评审过程通常需要进行演示，展示冲刺所实现的新特性。这会开启利益相关者与开发人员之间的对话，有助于建立一致性，对整个项目的成功至关重要。如果没有定期的对话，开发工作可能会被孤立，工作进展或许在三个月之后才能首次向利益相关者展示。

到那个时候，某个利益相关者或者因为最初的误解，或者因为外部需求已经发生变化，可能会要求作出重大改变（导致重大延迟）。

只有所有相关方都定期参加会议，评审才有价值。对于开发团队来说，这不是什么难题，因为评审会议是其开发过程的一部分。但是，对于利益相关者来说可能就不一样了，因为他们所处的位置往往需要他们把注意力分配到许多相互竞争的优先事项上。项目经理必须让每个利益相关者认识到定期出席参与评审会议并提出反馈的重要意义；让他们认识到成为利益相关者是有原因的，他们的成功部分地依赖于项目的成功。

在原型制作的实施过程中，你还会学习和接收可以整理成经验教训的反馈。例如，你所选择的技术的某些功能运行起来可能并不完全像广告宣传的那样。也许你的某个架构决策在实施时非常缓慢，必须作出改变才能使它表现出更好的性能。将这些经验教训记录下来，不仅对该项目的未来决策具有价值，对未来实施的项目也具有价值。

设计原型

假设没有现成的解决方案，你又致力于在内部开发自己的解决方案，那么构建原型的第一步是定义系统架构。首先需要系统的逻辑组件以及所选择的可提供这些功能的技术。请注意，技术的单个实例可以服务于多个逻辑角色。例如，如果你需要一个地方来为你的逻辑设计的 A 部分托管人工智能模型，还要为 B 部分托管另一个人工智能，或许可以使用人工智能托管技术（比如 TensorFlow Serving[4]）的单实例部署来满足这两个需求。

逻辑架构往往使用逻辑架构图（logical architecture diagram）来进行定义。逻辑架构图显示出系统所有的概念部分，有助于确定你需要选择哪些技术。图 5.2 就是逻辑架构图的一个示例。

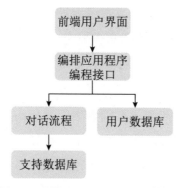

图 5.2 支持聊天机器人的逻辑架构

技术选择

准备好了逻辑架构图,就可以开始研究哪些技术可以满足需求。一种方法是创建包含原型所需要的所有功能的电子表格,如逻辑图所示。在电子表格里依次列出所有可以实现一个或多个功能的技术。其他因素也可以包含在电子表格中,如价格或特性,因为它们也可能影响技术选择。表 5.1 就是这样一个表格示例。

表 5.1 技术选择聊天机器人技术示例[5]

技 术 名 称	角　　色	价　　格
会话流	对话应用程序编程接口	每次查询的成本
华生助手	对话应用程序编程接口	每次查询的成本
聊天机器人框架	对话应用程序编程接口	每次查询的成本
技术栈	应用程序前端	开放源码
框架	应用程序后端	开放源码
框架	应用程序后端	开放源码
关系型数据库管理系统	关系型数据库	开放源码
数据库	关系型数据库	年度许可费
对象—关系型数据库管理系统	关系型数据库	开放源码

完成这个矩阵表以及为角色选择了最佳技术之后,便可以制作物理架构图(physical architecture diagram)了(示例参见图 5.3)。物理架构图类似于逻辑架构图,但是它包括你提议使用的技术。这有助于帮助

开发人员和利益相关者提前想好解决方案并查明任何问题。此时解决问题要比在生产过程中解决问题成本小得多。这里涉及一个叫作错误成本升级（error cost escalation）的概念，它适用于许多行业，尤其是软件工程行业。正如我们之前提到的，如果开发持续建立在错误之上，那么一旦错误被识别，所有的工作都需要重做。这也是软件开发的主要好处之一，在某种程度上，也是我们构建原型的原因。

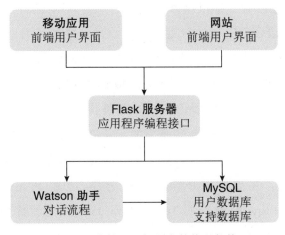

图 5.3 支持聊天机器人的物理架构

选择技术时的另一个考虑因素是"所选技术之间的交互效果如何"。在某些系统中，所有技术都只与你的应用程序代码交互，在这种情况下，评估组件之间的集成点就不太重要了。然而，如果数据库需要通过消息总线与另一个系统通信，在两种技术之间有一个支持集成将带来更大的便利。这样，你就不需要编写和维护定制的集成服务。

在选择技术时，依靠领域中的其他同事非常重要。你可能知道在你的行业里，谁对使用技术电子表格中的那些技术有丰富的经验。有些人可能用过某种特定的技术，体验良好并予以推荐，但是了解那些给人带来不好体验的技术更为重要。尽管糟糕的技术也许会随着时间的推移而改进（尤其是不好的经历发生在几年前），但了解到这些细节，你可能会使自己免受未来的许多痛苦。最后，如果你选择了同事使用过的技术，就可以在实施过程中向他们寻求帮助。如果你最终选择了同样的技术，你可以回报他们，把自己的经验告诉他们，这对你们双方都有帮助。

构建系统时，另一个重要决策点是你将使用什么编程语言来构建应用程序。关于哪种语言最好的争论在业界引发了许多"圣战"。从实际意义上来说，选择编程语言有两个主要决定因素。第一个因素是你的开发团队的主要语言。考虑到团队成员可能要在项目中共同合作，使用他们熟悉的编程语言可能会大大提高生产率。语言句法、内置库函数以及开发工具对他们来说已经很熟悉了。

选择编程语言的第二个决定因素是语言是否拥有满足你需求的软件库。例如，目前大多数机器学习技术主要使用 Python 编程语言。因此，对于人工智能项目，选择 Python 可能最合适。你可能会发现软件库可以支持多种编程语言，但要记住，对可替代的编程语言的支持可能会很少。这是就软件库的稳定性而言的，从在线论坛中请求帮助和寻找说明文档的角度也可见一斑。例如，TensorFlow 是一种由谷歌开源的神经网络技术，主要使用 Python 编程语言。虽然其支持 Java 编程语言，但 TensorFlow 网站声明 TensorFlow Java 应用程序编程接口不在 TensorFlow 应用程序编程接口的稳定性保证范围内。

或者，也可以对单个系统使用多种编程语言，这非常适合微服务（microservices）架构。在这种架构中，系统的各个部分作为独立的单元被执行，并通过一种独立于语言的方法进行集成，比如表述性状态转移（representational state transfer，REST）的应用程序接口。例如，假设你的工程团队在 JavaScript 方面很擅长，但是完美满足你的需求的机器学习库只能在 Python 中可以获得。在这种情况下，机器学习服务可以用 Python 编写，并通过表述性状态转移的应用程序接口从你的主要应用程序代码中进行调用，该应用程序代码可以用 JavaScript 编写。这样，开发团队中的大部分人就不需要仅仅为了使用理想的机器学习库而学习 Python 了。

选择一项技术也要考虑你已经确定的其他用户故事的需求。虽然你不会在原型阶段实施它们，但最好是避免使用对其他用户故事都不支持的技术。只需要一点点的计划，就可以避免在生产步骤中更换你的技术堆栈的某些部分。

第 5 章 原 型 制 作

云应用程序编程接口和微服务

从传统上来讲，当开发人员想要给应用程序添加一个功能时，他们会下载一个代码库。对于每个所需要的功能，开发人员都会这样做。例如，如果程序员需要操作和分析训练数据，他们可能使用 Python 的 pandas 库。然而，像这样的库是针对编程语言的，通常没有很多数据（即使有数据的话）。这种交付模式非常具有限制性，特别是对于那些由大的数据集所驱动的功能。

相比之下，数据驱动的功能现在是通过基于网络的应用程序编程接口来实现的。开发人员不是下载库，而是进行适当的应用程序编程接口调用并返回响应。这使得驱动应用程序编程接口的所有必要数据都由应用程序接口管理，完全简化了执行的复杂性。大多数拥有机器学习技术的公司通过提供应用程序编程接口来制定解决方案。以下是该领域内一些较大的公司：

- IBM 的 Waston 服务[6]（见图 5.4 人工智能云服务目录）
- 谷歌的云机器学习引擎[7]
- 亚马逊网络服务的亚马逊机器学习[8]
- 微软 Azure 的机器学习[9]

正如之前提到过的，表述性状态转移的应用程序接口除了作为编程语言之外，还有额外的优势。如果开发人员编写了一个 Python 应用程序，其只需包含 Python 的超文本传输协议（Python's HTTP）库并调用一个表述性状态转移的应用程序编程接口（REST API）。同样，如果是 NodeJS 应用程序，则可以包含 NodeJS 超文本传输协议库，并进行相同的表述性状态转移的应用程序接口调用。这样，开发人员就能够自主地选择语言，不需要匹配他们想要使用的库的语言。例如，许多 21 世纪中期的机器学习程序都是用 Java 来执行，仅仅是因为 Java-ML 库在当时最成熟。借助基于云的应用程序接口模型，库与编程语言分离，所有人都可以轻松访问。

| 人工智能：商业应用路线图

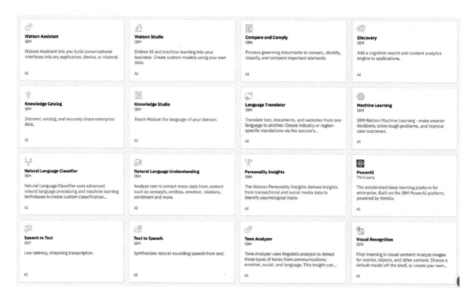

图 5.4　IBM 人工智能云服务目录示例

内部应用程序编程接口

与云应用程序编程接口的集成不一定仅仅指与第三方供应商的集成，与你的组织现有后端系统的集成也是必要的。例如，如果用户没有收到他们的邮寄包裹，可能会问聊天机器人包裹当前的状态。对这个问题的响应并不是简单的静态回答就可以，而是需要查询单独的运输系统来确定包裹的状态，然后利用查询结果为用户设置自然语言响应。这个简单的例子表明有一些用户问题可能需要来自多个系统的响应，包括人工智能模型的运行结果。

为了让聊天机器人能够与这些后端系统交互，需要有一个已建立的通信通道。与通常使用网络浏览器与系统交互的人类不同，聊天机器人需要通过应用程序编程接口来与另一个系统交流。因此，确认所有必需的后端系统已经有应用程序编程接口可供使用，并且确认后端系统能够显示出所有必要数据是很重要的。否则，你将不得不把创建应用程序编程接口添加到进行编程访问的系统的开发路线图中。如果后端系统碰巧也是由你的团队创建的，这可能会很简单，但是如果它是由组织中的另一个团队或第三方供应商创建的，那就变得更加困难了。在这种情况下，你需要说服它们，将应用程序编程接口添加到暂时还不需要应用程序编程接口的现有系统中是值得的。向它们解释添加应用程序编程接口将使它们的系统形成更多的集成，从而增加其价值，可能就足够了。考虑到不同团队的资金状况，额外的费用分担可能也是可行的。

幸运的是，由于自动化和开放标准的流行，如今构建的大多数系统都包含应用程序编程接口。你通常可以通过查看它们的说明文档弄清楚系统是否有所需要的应用程序编程接口。如果存在应用程序编程接口，说明文档将具体介绍如何调用它们的格式和方法。

隐患

以下是你在原型制作过程中可能会遇到的一些隐患。

隐患1：花太多时间制订计划

虽然本章的大部分内容都是关于如何分解原型需求和选择技术，但是不要过多地停留在设计和计划解决方案上，这一点很重要。鉴于你即将使用敏捷的方法并启动反馈环路，设计可能很快就会发生变化。项目刚开始的时候一定是你了解到的信息最少的时候。因此，越早开始越好，这样才能通过执行和更新设计获取知识。最终，你就能够使用这种方法更快地创造价值。

隐患2：试图过多地制作原型

开发人员在原型制作阶段经常遇到的另一个隐患是，试图制作太多原型而导致失败。原型应该限制范围，提供真正的价值，并且现实可行。一旦原型建成，需要有足够的时间来建造大型、复杂、甚至是登月（moonshot）的系统。然而，原型制作是你展示价值并向利益相关者证明人工智能系统值得投资的机会。但如果原型制作花费太长时间或者过于雄心勃勃而导致失败，将会使你的组织失去成为人工智能集成企业的机会。

继续说聊天机器人的例子，在原型制作阶段只包含几种类型的聊天交互方式就可以了。例如，如果你正在为一家连锁电影院建造聊天机器人，原型版本只需处理购票流程，退款或优惠等概念应该推迟到生产阶段。也就是说，原型只需要演示购买门票的概念和价值，其他交互功能可以随后续投资进行添加。

隐患3：错误的工作工具

另一个常见的问题是虽然正确地识别出问题，但认为可以用现在的技术来解决问题。在选择技术过程中，必须确保当前流行的技术不会影响你的判断，否则就会产生一个不必要的、更为复杂的解决方案。最坏的情况是，你不得不在开发的中途更换核心技术。如果你的问题需要锤子才能解决，不管铲子有多棒、多新，它都不是合适的工具。

就人工智能而言，这种情况经常见于对神经网络的错误应用。虽然神经网络确实可以解决一大类问题，但它并不是解决所有问题的正确方法。例如，当没有大量数据时，朴素贝叶斯（naïve Bayes）可能是更好的方法。此外，如果你处于一个必须对结果予以解释的行业，神经网络（尤其是大型神经网络）就不是合适的工具，因为神经网络以缺乏透明度而臭名昭著。它们在训练数据方面可能是准确的，但由于习得的特性是复杂的输入组合，所以无法对所作决定给出条理清晰的理由。

行动清单

——在靠前的用户故事中选择可行的、将要实施的用户故事作为你的原型。

——确定市场上是否存在可用于节省时间和资源的解决方案。

——确定你的组织中是否有合适的人才，或者是否需要通过签约资源来补充。

第5章 原型制作

——设计原型并使用技术选择过程来确定如何构建原型。

——使用敏捷方法,通过利益相关者定期的反馈,迭代地构建原型。

注释

1. www.upwork.com
2. www.freelancer.com
3. www.scrumguides.org/docs/scrumguide/v2016/2016-Scrum-Guide-US.pdf
4. www.tensorflow.org/tfx/guide/serving
5. Possible technology selections for the chatbot prototype:
   - Dialogflow: https://cloud.google.com/dialogflow/pricing
   - IBM Watson: https://cloud.ibm.com/catalog/services/watson-assistant
   - Microsoft Azure: https://azure.microsoft.com/en-gb/pricing/details/bot-service/
6. https://cloud.ibm.com/catalog?category=ai
7. https://cloud.google.com/ai-platform/
8. https://aws.amazon.com/machine-learning/
9. https://azure.microsoft.com/en-us/free/ machine-learning/

第 6 章

生　产

既然原型完成并经过确认,下一步就可以着手搭建人工智能系统的其他部分了。虽然原型处理了几个最重要的用户故事,但是要建立起生产系统,还需要完成在"定义项目"阶段所确定的其他用户故事。

然而,在开发团队开始构建其他用户故事之前,查阅现有的用户故事列表以确保它们依然有效是比较审慎的做法。随着时间的推移,你的优先事项可能会有所变化,或者你从搭建原型的过程中有了更多收获。例如,也许另一支团队在他们的系统当中已经使用的某个人工智能模型,正好你的系统也需要,那么与其去搭建同样的人工智能模型,不如借用他们的成果,这样可以节省开发和调试的时间。提高人工智能模型重复利用率的更多方法将在下一章里讨论。这样一来,相关用户故事可能需要随之更新或被抛弃,以确保每一个生产的用户故事都给用户带来价值。

原型再利用还是从零开始

在建立完整生产系统的过程中是否应当充分利用原型代码,人们所持的观点各异。有人这样想:原型代码就应该被完全扔到一旁,你需要从零开始,这样可以避免将次优代码和一些先期不好的实践带入这一过程。但也有人赞成从同样的代码库着手,在此基础上继续搭建——为什么要重复劳动呢？这两方观点均有可取之处，所以我们认为，最优方案应当是将二者融合起来。

这种融合的方法乍一看好像是从零开始，因为首先要利用所学知识进行新的设计。或许你已经发现了某个更为高效的架构，仅有几处关键的地方需要更改。设计完成后，你为生产代码创建一个新的代码仓库，进而开始实施，此时便是开展融合之时。你可以从现有的原型中复制若干段代码而不必从零开始写代码。很多代码都是可以直接再利用的，而复制的过程使开发人员能够对代码进行评估并寻求改进。例如，连接API（应用程序接口）与服务的代码一般无须更改，即使更改也不会太多，这是因为说明书中一般会规定好此类代码。这样一来，你按照新的布局组织好代码即可，一切无需从头开始。毕竟这一套生产系统将会存在数年之久，而好的代码组织将有助于你日后保持代码整洁，也易于代码的维护。

就项目中的人工智能部分而言，过程也极为类似。原型中所使用的数据几乎总是和生产环境构建中用到的数据一样。如果硬说有什么区别的话，就是将会包括额外的数据来提高真实值的代表性。在某些情况下，对模型的要求可能已经发生改变，这就需要基于原型的结果建立一个新的数据集。如果需要，则应当在此环节接受改变并加以解决，以免将问题传到生产系统当中。如果对改变视而不见，它只会给接下来项目中的人工智能模型带来更大的麻烦，也极有可能在产品即将发布之际出现问题。

除非深度学习技术的拓扑结构需要修改，用来构建人工智能模型的代码在原型阶段和生产阶段一般不会有太大改动。在生产阶段（以及随着项目的推进到达的阶段），你很有可能更改的是模型的超参数。例如，随着数据或者模型的其他部分发生变化，你可以在模型训练期间稍事调整其学习率，从而提高模型整体的生产精度。

持续集成

一旦已经部署了解决方案、用户开始依赖其可用性，建立一个更新生产实例的严密流程就很有必要了。这个更新流程同样应当包括自动化测试，以对每一处代码的更改进行确认。该环节不可或缺，因为一处看似无妨的变动却可能带来不利的影响，甚至使一些用户无法使用解决方案。例如，假设有两位开发人员正利用一个圆的半径去求其直径。一位开发人员可能将 diameter=2*radius 这一行代码写入名为 getCircleSize() 的函数，而另一位开发人员却在同一时间将同一行代码添加到调用链深处的另一个位置。由于所改动的代码处于不同的文件中，因此不同的开发人员之间不会发生代码冲突，源代码管理（如 git）也不会报出任何错误。但这所导致的结果就是，一个圆的直径是实际的两倍。如果已经为这个代码编写了自动化测试功能，那么可在第一时间发现错误。

持续集成管道

另一种维持稳定的绝佳做法是通过一组质量保证环境来改进代码，这些环境共同构成了一套持续集成管道（continuous integration pipeline）。一套管道可以由任意数量的环境组成，但大多数包括以下三种：

- 开发环境：在该环境中，内部开发人员和产品经理能够看到最新版本的代码
- 模拟环境，有时也称测试环境：配置与生产环境类似，在该环境中所运行的新代码和新模型一旦通过所有质检，将最终用于生产
- 生产环境：最终用户经常使用的真实环境

持续集成管道中的第一种环境是开发环境，也是系统最新、最优秀的版本。开发环境可以在每次成功的代码/模型集成后重新部署，也可以每天部署一次（一般在晚上）。每天部署一次的开发环境可被称为能够运行"每日构建"（nightly build）。开发人员和产品经理通过开发环境来检查已完成的工单的实施是否正确，并且另外检查是否对特性存在误解。在软件工程中，区分这二者非常重要，因此它们各自的术语也不同。验证（verification）的定义是确保代码能够执行其功能、不产生错误；而确认（validation）的定义则是确保每一项功能都是有效的，并且能够正确满足软件的预期需求。尽管自动化测试能够进行验证，但鲜有为进行确认而设置的自动化测试，这是因为代码及其测试一般由同一位开发

人员编写。在大多数情况下，其他开发人员和产品经理会手动进行确认。

开发环境主要用于确保特性的准确性，因此它更像是一个小型的、充分部署的生产环境。这使得开发环境的更新和重新部署速度更快，但同时也意味着典型的性能测试和其他可扩展性测试只能在管道的下一阶段进行。

当足够多的特性和故障修复程序都被推至开发环境，就可以将开发环境上传至模拟环境了（参见图6.1）。将代码上传至管道的下一阶段，包括部署与上一环境中版本相同的代码和模型。模拟环境与完整的生产环境规模一样，因此可以很好地测试性能和可扩展性。一些新添加的代码在独立运行的时候、特别是在首次实现某个特性的时候可能一切正常，而当同时运行几百次时却产生问题。例如，新的代码可能会调用一个外部系统，而这一外部系统却没有设置自动扩展功能。这样的话，只有通过缓存结果来减少对外部系统的调用，才能确保你的用户不受因超负荷造成的性能问题的影响。

图6.1　将应用代码从模拟环境上传到生产环境

在持续集成管道中，模拟环境总是生产环境前的最后一环，因此质量保证尤为重要。它是最后的防线，一旦故障进入生产环境，就将影响到真正的用户了。模拟环境的验收流程应当包含代码和模型两部分。

对模拟环境进行过彻底的测试后，就可以将其代码和模型上传至生产环境了。这样，最初在开发环境中实施并进行部署的特性便开始为真实用户提供价值。现在所部署的模型经过改进，能够提供更准确的结果或是表现出更强大的功能。例如，一个对象检测模型经过这一阶段的改进之后，便可能识别出用户频繁请求的一些新的对象。

尤其对于机器学习模型而言，这一持续集成管道甚至无需额外的编程，就可以上传新的模型（参见图6.2）。仅仅将额外的数据输入其中，便足以让模型得以重新训练和增强。这些额外的数据可能来源于外部，也可能来源于系统的生产环境用户，后者就更有趣了。因为在后一种情形下，这一反馈环路不断自我完善，是一种极为强大的概念。

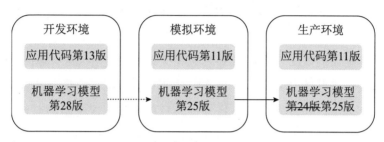

图6.2 将模型从模拟环境上传至生产环境

真正的持续集成

到目前为止，我们主要讨论的是敏捷开发环境中的反馈环路，以及这种反馈环路如何确保系统满足利益相关者的需求。现在，我们来看看反馈环路如何应用于构建自我完善的机器学习系统，并且在这其中发挥的极大作用。使用上一个活动的结果来部分地确定下一个活动——这个概念虽简单却意义重大，是驱动绝大多数人类学习和行为的基本原则。一旦你意识到这点，就会发现大多数智能过程中都包含着这一模式。甚至连一个人看着车的速度表来决定该把油门踩得多深，也是反馈环路的一种，而这时预期速度便是其目标。我们将在下一章深入探讨这一概念。

当今世界，组织的规模遍及全球，各类系统也因此需要全天24小时在线。出现任何停机状况都可能影响到用户的即时生产率，从而削弱其对品牌的信任。因此，升级至生产环境必须要确保无论何时都不会出现任何原因引起的停机。在大型系统当中，很多代码实例的部署可能出于故意冗余的目的。在更新之后马上将每一个冗余的实例用新的部署替换掉，一次替换一个，是很常见的操作。同样，出于扩展的目的，各模型也可能被部署若干次，而且为了确保模型不停机，这些模型也可以每次逐一替换。

另一种升级方案则是通过简单的网络变化，将模拟环境与当前的生产环境完全调换。在此情况下，你将拥有两个生产环境：暂且称它们为 A 和 B。假设用户们现在所使用的生产环境是 A，那么生产环境 B 将被用作模拟环境。一旦环境 B 通过了质量检测，网络就将改动，my-system.my-company.com 将指向环境 B 而不再是环境 A。这一方案也有一定的复杂性（比方说在处理当前在途交易的时候），但该流程能够确保系统不停机。

持续集成的好处在于，只要利益相关方足够信任流程，便可立刻对推送的代码进行测试并确认，并在完成所有测试后，立即将模拟环境上传到生产环境。在过去，故障修复程序只能等待下次更新的时候一同发布，这往往需要数周的时间，但现在这样的日子已经一去不复返了。这种方法非常适合集中式的人工智能系统，比如采用类似于"软件即服务（Software as a service，SaaS）"的架构实施的系统。如果你的系统实际上部署在不同地点，这里提及的持续集成的优势可行性就不高了。持续集成的工具也有很多，比如 Travis CI 和 Jenkins，它们的官网均提供了详细的使用说明。

持续集成的原则不仅适用于软件，也适用于任何正在搭建中的机器学习模型。例如，对一个对象检测模型进行更新，使之能够识别另一个对象，但此番操作可能会使这一模型无法再识别出一个之前确认过的对象。发生这种情况时，有若干作为测试套件用的图像就很重要了，这能让模型每次更新或者重新创建之后，根据这些图像再重新计算每一个对象类型的召回率和精确度指标（下一章将对此进行具体讨论）。通过这种方式，便可以在新模型通过管道与生产系统集成之前，发现其问题所在。

理想情况下，为确保质量，这种持续集成的系统一般会在原型阶段就已经建立完成；但一般而言，测试其功能却不是大多数原型的首要任务。这背后的逻辑是，若原型不成功，就不会进一步投资去搭建测试框架或是其他配套基础设施。而若原型确认成功之后才进行质量控制，此时再着手搭建基础设施也将是一项大工程。还需要为现有的代码创建单元测试以及其他自动化测试。此外，这一阶段发生的所有技术债务（如可能导致系统故障的编码快捷方式）也需要得到妥善解决。如果你准备从零开始重新编写生产代码，或者采用上文提到的混合模式，那么在编写新代码或是检查原型中复制过来的部分代码的时候，这里所提到的大多数问题都将迎刃而解。

自动化测试

正如上文所言，每次推送的代码都需要进行确认，这样我们才会更信任持续集成。这也意味着每一次都需要运行一遍测试套件，以防止将对最终用户可能产生负面影响的代码推至生产环境。理想情况下，应当对每一行代码进行测试。例如，下列代码有两条分支路径：

```
if amount > 100:
    // branch A
else:
    // branch B
```

在这个代码示例中，一个好的测试套件所包含的测试应当既能够确认分支 A，也能够确认分支 B。也就是说，无论 amount 的值大于 100、小于 100 或者等于 100，测试都可以进行。只有达到这种程度，这部分代码才能够被认为达到了百分之百的测试覆盖率（100 percent test coverage）。

测试类型

自动化测试一般可分为三种类型：
- 单元测试：确认自包含部分的代码。
- 集成测试：确认控制系统之间交互的代码，比如接入某个数据库或第三方应用程序编程接口的代码。
- 验收测试：确认整体系统，采用最终用户使用系统的方式对系统功能性进行测试。这些方式可能包括用户接口输入等直接方式，如果你采用应用程序编程接口作为解决方案的话，调用可编程的应用程序编程接口也可能是方式之一。

上述每一种类型的测试都能够帮助确认不同级别的代码基础，其测试范围也逐级递增。理想情况下，目标明确的单元测试能够发现大部分错误,并很容易将其分离出来。随着范围的扩大,有更多的系统加入进来,问题也将更加复杂、更难发现。集成测试负责发现单元测试漏掉的所有错误,如果你所使用的应用程序编程接口的接口有变动(如重命名一个参数),那么集成测试还能够帮你查找这些错误。验收测试是找出剩余错误的最终防线,因为它们追求大面积的用户特性也进行了测试。以用户的身份登录并更新账户信息便可以作为一个很好的验收测试。这些测试同时进行,如图 6.3 所示。

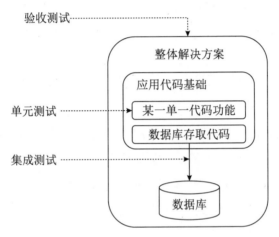

图 6.3　验收测试、单元测试、集成测试

人工智能模型测试示例

如果你的人工智能系统中将包含你所训练的人工智能模型,那么对这些模型进行测试也同样重要。测试选择得当的话,在新模型替换掉生产环境中的旧模型之前,你就可以十分确信,这个新模型即使不比旧模型更好,也将同样优秀。现在让我们来仔细研究一个例子:在此示例中,我们将创建一些单元测试,来评估人工智能模型是否有能力根据特定的用户输入来正确地判定用户意图;我们所使用的是银行业用到的聊天机器人。假设该聊天机器人包含人工智能模型,能够识别并处理以下三种用户意图,还另有一项"通用"意图,适用于用户输入无法确信地被匹配到任一意图的情况。

- `HOURS_OPEN`：为用户提供银行的开放时间。
- `OPEN_BANK_ACCOUNT`：为用户提供开设银行账户的操作说明。
- `CLOSE_BANK_ACCOUNT`：为用户提供注销银行账户的操作说明。
- `CATCH_ALL`：通用回复，将用户指向到现有的"常见问题（FAQ）"页面，或者使用户能够返回至人工操作员。

因为想要确保我们的系统能够正确地将输入按照以上几种意图分类，所以我们为人工智能模型所准备的单元测试应该可以证明该模型能够正确地区分用户意图。相关测试的代码可能会很简单，如下所示：

```
# Test HOURS_OPEN
assert classifyUserIntent("What time do you open?") == HOURS_OPEN
assert classifyUserIntent("Are you open tomorrow at 9am?") == HOURS_OPEN

# Test OPEN_BANK_ACCOUNT
assert classifyUserIntent("I want to open a new account with you guys?") == OPEN_BANK_ACCOUNT
assert classifyUserIntent("I am interested in a checking account?") == OPEN_BANK_ACCOUNT

# Test CLOSE_BANK_ACCOUNT
assert classifyUserIntent("I want to close my account?") == CLOSE_BANK_ACCOUNT
assert classifyUserIntent("I am moving to a new bank, how do I do that?") == CLOSE_BANK_ACCOUNT

# Test CATCH_ALL
assert classifyUserIntent("How do I add my spouse to my account?") == CATCH_ALL
assert classifyUserIntent("Does your bank provide IRA accounts?") == CATCH_ALL
```

在此示例中，每一种意图仅对应着两组单元测试，虽然看似不足，但也能够全面地检查出系统在整体上是否如期运行。请记住，这些单元测试的运行时间是在一个模型的创建之后、被上传至生产环境之前。这样一来，我们理应更能确信故障将无法悄然混进生产环境，也不会对真实用户造成负面影响。

特别是当采用人工智能模型的时候，有很多方法可以将模型中真实值分类为训练集（用来创建模型的数据）和测试集（用来评估模型准确性的数据）。这一过程应当被用来生成并选择模型，而后可以用先前定义好的单元测试对生成或选择的模型进行检查。

随着你的聊天机器人可识别意图的数量越来越多，其能力也不断提高，此时你还需要确认是否针对它的各种能力都添加了相应的单元测试。分类器如果需要区分的种类（如意图等）数量众多，就需要学习使复杂度更精细，这对模型整体都提出了更高的要求。此时测试的必要性就凸显出来了，因为这能够让你确信系统在任何方面都没有退化。

发现故障怎么办？

然而，一旦生产代码中发现了缺陷呢？这当然意味着当前没有合适的测试用例能够查找到错误。因此，第一步需要写一个新的测试，找出问题所在。这样做的同时，代码中所存在的其他错误也将更容易被发现，随后便可以编写针对这些缺陷的测试。测试写好之后，我们需要确认这个测试确实能够找到那些引发问题的错误。确信这一点之后，下一步就可以修复代码，再次运行新的测试用例，确认问题已经得到解决。这次修复的不仅仅是这一个具体的问题，日后若代码中再次出现同样的问题（如代码回滚等），由于新的测试覆盖更广，这一问题便能够立即被发现，并在其被上传到生产环境、接触到真正的最终用户之前，引起你的注意。

基础设施测试

我们所讨论的自动化测试对于确保代码和模型的质量而言十分重要。然而，只有一个系统的部署配置越稳定，所用的硬件越稳定，系统也才能越稳定。若将解决方案部署在单一服务器上，而这个服务器又出现了故障，那么用户就会受到影响。若解决方案部署在三台服务器上，虽然有些冗余，但是如果其中一台服务器发生故障的话，用户可能不会注意到有变化。因此，确保部署稳健与安排多个服务器都很有必要。

但怎么才能知道，自己的部署在处理问题时能够表现得足够稳健并得体地修复呢？这便是网飞公司 2011 年所面对的问题，而他们拿出的解决方案也极具创意。最终他们决定在部署中故意引发一些随机错误，而确保其用户不受影响。由于错误是他们制造的，因此一旦影响到用户，他们就能立刻解决问题。这一技术使得他们能够识别出部署配置中的错误，并进行更新、填补漏洞。通过采用这种方法，即使下次出现了由真实的原因所导致的类似错误，他们的部署依然足以应对。网飞将他们这个成功的项目命名为"混世魔猴（Chaos Monkey）"，也就是有一只假想的猴子在他们的数据中心里大搞破坏。从那之后，网飞开放了"混世魔猴"的源代码，可以在代码托管服务平台 Github 上下载。[1]

"混世魔猴"这一方法在部署层面进行操作，因此你也无需为自己的机器学习模型另建一个单独的"魔猴"。因为模型的执行需要部署在基础设施层面，所以"混世魔猴"可以很容易地对这部分部署进行测试。如此一来，相似代码和模型的鲁棒性（Robustness）便均可以通过该方法测试出来。

确保人工智能系统的稳健

虽然你在搭建的是一个完全自主的人工智能系统，但系统无法处理用户请求的情况总有可能出现，这或是由于用户的提问方式出乎寻常，或是由于用户提出了一个不恰当的问题，你无意为其提供支持。在这些情况下，人工智能系统必须能够得体地处置用户的请求。

我们还是用银行的自动聊天支持系统来做示范。银行的设计初衷是希望它能够为任何表述清晰的请求提供准确的回复，比如查询账户余额、存款、寻找附近的网点等，这些行为都和客户的银行业务息息相关。而诸如购买电影票这样的问题会令聊天机器人无所适从。除非银行正在举办某个电影票的特别促销活动，否则开发人员在设计聊天机器人的时候大概的确不会想到这样一个与银行无关的活动。在这一领域的早期尝试中发展出了一种最佳实践方式，那就是确保聊天机器人有相应的机制来得体地应对无关请求。为此，你需要有类似于"导轨"的指南性回复，详细地告诉用户聊天机器人可以为他们提供的帮助内容，并且告知他们，其请求已经偏离了聊天机器人的功能范围。按照下述表达来回复任何离题的请求，也许能够帮助你达成这一目标：

> 抱歉，我无法确定你的意思。你是想执行下面的某一项操作吗？

相反，同样在这个例子中，如果一位用户请求执行一项正当操作（如查询银行账户余额），他们也不应当看到这样一条告诉他们已经跑题的信息。因为这种信息无疑会令用户失望，也会立即削减他们对于系统的信赖。聊天机器人如同你的公司代表，任何一点不佳表现都会直接损害贵公司的名声。我们不仅要谨记这一点，还要认识到，在开发人员发布第一个版本的聊天支持系统前，任何项目的时间和预算总是有限的。但更重要之处在于，随着开始使用系统的用户数量的增加，系统应该能够持续改进提升。

人工智能系统中的人工介入

在现实当中，无论聊天自动化系统设计得有多么稳健，也总会面临问题和故障。因此，你的系统应当包含一种"故障转移"协议，以备上述意外事件的发生。你可以使用我们刚刚探讨的"导轨"这种最佳实践，或者采用一种混合方法，在聊天机器人无法应对时，借助人工的帮助。当人工被纳入系统当中，人工智能的首字母缩写 AI 便被赋予了新的含义：augmented intelligence（增强智能）。

然而，决定何时引入人工并不仅仅是一种"非此即彼"的决策过程；事实上，这一决策树流程本身就是一种艺术。一种简单的决定方式就是监测有哪些用户反复收到系统默认的"十分抱歉"的回复。有这种情况发生的时候，聊天系统就可以让一位聊天专员来无缝接管这场对话，为用户提供回复。这种回退能力可以覆盖各种无法预见的边缘情况，而这些情况对用户而言也同样重要。

另一种决定人工何时进入聊天的方式，是可以借助人工智能的另一种能力：语气分析（tone analysis）。采用语气分析科技所分析的并非用户所说的内容，而是用户说话的方式。例如，下面两种表达方式是有区别的：

> 我还没有收到新的账户信息邮件，能否请你帮我查看一下进程？

以及

> 我做生意需要这些可笑的文件，但我等到地老天荒也没收到，能有人管管这件事儿吗！

这两个例子所传递的信息是相同的，但是他们的语气和表达却有天壤之别。第二个例子中的语言更加夸张生动（有时甚至是毫不遮掩的语言），这就可以视为需要人工处理的明确信号。即使聊天机器人能够完成用户的第一个需求，为其提供问题的答案，但它也无法满足用户的第二条需求，也就是说机器人无法识别出用户对此事的感受，并确认用户的失望之情。

出现这些情景时，采用一种混合方法也许是有益之举：利用聊天机器人来处理 80% 的用户需求，机器人无法应对的则采用人工来弥补。失败的全自动化系统和成功的人工增强系统（图6.4就是一个混合结构示例）之间的差别就在人工介入上。此外，随着时间的推移，聊天机器人可以看到哪些用户需求需要人工介入，从而改进。随着常见的缺陷逐渐被补足，聊天机器人对人工增强系统的依赖也将越来越少。

图 6.4　环路中包含有人工的聊天机器人架构示例

确保原型技术具有可扩展性

在开始着手搭建系统的其他部分之时,越早确定各项技术是否运行顺畅越好,这并非指它们的功能性,因为如果关注功能性,那么与你在原型阶段所遇到的问题就相差无几了。相反,这里要确定的是技术是否能够进行合理扩展。当用户数量或者交易数量较小时,这可能仅是小事一桩。然而随着每秒的用户数量或交易数量的增长,如果技术的可扩展性无法跟上,影响将是全局性的。

负载测试和性能测试是测验一个系统是否可扩展的主要途径。负载测试本质上是模拟大量的虚拟用户(举个例子吧,比方说 1 000 人)正在同时访问系统。对于在负载测试中应当容纳多少虚拟用户,并没有明确的指南,但是保守而言,测试时采用超过预期 20% 的用户数量是一个不错的参考方向。也就是说,如果预期在某个时间点上访问系统的用户数量将达到 1 000 人,那么在负载测试中,应该测试 1 200 人的用户数量。

许多开源或专有工具都能够进行负载测试。可选的开源工具有 Apache JMeter 和 The Grinder,WebLOAD 和 LoadRunner 等专有工具也提供这种测试。这里面有些负载测试的框架中可能比其他测试涵盖更多功能,但是所有的测试工具都能够帮助你模拟一定数量的用户同时访问系统的场景。

在访问网站的时候,为每一个人工智能模型都安排特定的负载测试也十分重要。尽管从数量级上看,训练一个模型所需要的计算要远多于对完成的模型进行一次评估,但同时对几千个模型进行评估能让任何没有做好准备的人工智能系统瘫痪。清楚这一点之后,还应当对创建的每一个人工智能模型的生产部署进行测试。你可以编写一个自定义的负载测试驱动器来调用模型,也可以创建一个简单的应用程序编程接口,仅供传输数据到模型进行测试所用。可扩展性可能是整个人工智能系统中最核心的价值所在,通过上述评估你便可以确保自己的模型具有相应的扩展能力。

可扩展性和云计算

也许有人会说,有了现代的云计算平台,负载测试就没那么重要了。在他们看来,云计算平台可以根据需求任意扩展其负载能力。但不幸的是,情况并非总是如此。你最起码需要运行一些负载测试,来确认云端能够如你所期地扩展。同时,你还可能发现,扩展也不会瞬时完成,在云端扩展到合适的容量期间,将有长达三分钟的时间无法访问。当负载量出现尖峰,或是使用量突然上升或下降时,上述情况都特别容易发生(参见图6.5)。

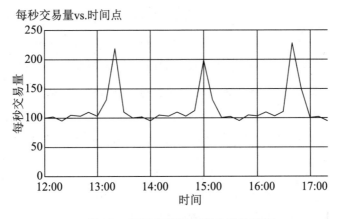

图 6.5 工作负载量出现尖峰的示例

接下来需要确认系统的实施方式是否能够借力云端的可扩展性。也许云端是可扩展的,但是若用户信息卡在某一个数据库实例当中,哪怕当时扩展后的应用层不再是瓶颈了,回复的速度也仍然较慢。此时,就需要增加数据库的镜像或者是在服务器端缓存来保留会话数据。在没做负载测试之前,这些也许都看不出来。

即使是机器学习模型,也有专属的云计算平台,它们根据需求分生出多个模型实例来减少延迟。这些云计算平台都很新,比如谷歌的云上机器学习引擎(Cloud Machine Learning Engine)。就可扩展性而言,通过负载测试来判定系统中可能成为瓶颈的部分,并确保这些部分的组件已经设计好并部署妥当,也都十分重要。下一节我们将更深入地探讨云部署。

云部署范式

云计算在这些年间不断发展变化，提供了很多种部署模式。起初，数据中心提供的是"裸金属服务器"，也就是完全供单一用户使用的物理机。到了互联网繁荣时期，虚拟化技术开始流行，物理机也随着云服务客户提出的需求，不断被塑造成更加小巧、孤立的虚拟机（virtual machine，VM）。这开启了一种新的设计范式，用户只需根据使用量付费，也就是"按使用付费"。客户现在无需购买任何传统的底层硬件，只要根据自身需求，对所需要的存储空间大小、内存（RAM）、磁盘资源提出具体要求即可。他们甚至可以关闭虚拟机，只为自身数据直接使用的存储空间买单。由此，托管计算服务的成本大幅减少，这种按需部署虚拟机的类型也促成了所谓"基础设施即服务（infrastructure-as-a-service，IaaS）"的产生。

随着时间的推进，云服务的供应商开始进一步革新。每台虚拟机都包含一整套操作系统（operating system，OS）的副本，如 Windows 或 Linux，运行这些操作系统会占用大量的虚拟机资源。对于规模越小的虚拟机，操作系统占用的资源比例就越大。这对现在流行的轻量、精巧的微服务架构是一个严重问题。因此，云服务的供应商就开始使用一种名为"容器"（container）的技术来替换传统的虚拟化技术。"容器"的优势在于它们不运行独立的操作系统，但它们仍然有互相隔离的计算资源，这就为运行在同一台计算机上的不同"容器"提供了安全性。不在同一台服务器上运行多个操作系统副本也许听起来不会节约多少，但如果能应用到数据中心的所有机器，则会节省下可观的运行成本。

Docker 是一种较为流行的容器技术。作为开源技术，Docker 很容易获取，在某种程度上成为容器领域的业界标准。Kubernetes 是与之相关的另一种容器技术，它能够将多个关联的容器作为一个统一管理的单元进行部署。有了这种强大的技术，你只需将所有容器及其参数具体写入一个 pod 文件，便无需再手动设置应用中的每一个组件。日后当你希望部署这组资源的时候，仅需将这个 pod 文件提供给 Kubernetes 即可。

pod 文件可以和代码一样，由版本控制系统存储及管理。这是"基础设施即代码（infrastructure as code）"范式的一个例子，在这种范式中，你可以用文本文件来定义部署，并利用 Kubernetes 等框架来设置实际的计算组件。这是一种可重复的基础设施部署，也带来了在需要时在云服务提供商之间迁移的能力。

云技术如此强大，出现专用的人工智能云服务只是时间问题。过去想要部署机器学习模型，需要创建一台新的虚拟机，然后再安装 TensorFlow 等模型库。后来数据中心开始提供装配有图形处理器的设备，极大地提升了人工智能模型的性能，使得整体情况得以改进。如今，工程师们只要将他们的机器学习模型上传到人工智能云端，并为模型执行的时间付费即可。谷歌就提供这种服务，且类似的供应商还有许多。这种人工智能部署范式使运行人工智能模型所需要的知识得以减少，因此十分强大。工程师们现在不必费心按最佳实践调整模型部署，可以将时间用来专心构建最好的模型。

云应用程序编程接口的服务级别协议

假设解决方案将部署在云端，那么你会想要了解一下相关的服务级别协议（service level agreement，SLA）。服务级别协议是你与云服务供应商之间就你所期待的服务品质所签订的协议，一般会对可访问性（你的系统每个月可能停机的分钟数）等指标作出具体规定。需要注意的是，这里提到的停机分钟数并非平均预期停机时长，只是云服务供应商承诺的比较糟糕的状况。

越好的服务级别协议越贵，因此你需要确定自己的应用能够容忍多大程度的不可访问。若云服务供应商未遵循服务级别协议的话，顾客一般会得到一些补偿，比如可用于获得未来服务的服务配额（service credits）。大多数现代的云服务供应商很少出现大规模服务中断的情况，一旦出现都会影响到许多热门的消费网站，因此往往新闻会进行报道。[2]

继续反馈环路

我们在前一章讨论过，建立反馈环路很重要，因为它可以确保及早发现问题，防止问题蔓延甚至在日后造成更大困扰。这一点在继续搭建生产系统的过程中依然十分重要，与利益相关方和最终用户定期举行例会也是收集反馈的最佳途径。所有这些也可以通过敏捷开发机制中的冲刺评审来实现。

隐患

以下是你在生产过程中可能遇见的一些隐患。

隐患1：最终用户对使用技术持抗拒态度

所有新技术都很容易遭遇这种隐患，人工智能解决方案尤甚。在最终用户看来，自动化技术会让他们感到不安，因为这项技术替代的是以往他们亲历亲为的一部分工作。有用户认为，"这项技术只会妨碍我工作。"也有人觉得，"我的技术迟早会过时，会由机器人取代，到时候我就失业了。"无论采取何种形式，变革总是很困难。

另一种人工智能解决方案所特有的问题是，大多数人工智能系统都需要来自主题专家的输入，以此训练底层机器学习模型创建真实值。而当一个新的人工智能解决方案集成进来，受到直接影响的往往也是这些行业专家。出于多种原因考虑，人工智能解决方案应当是行业专家的知识和能力的增强，而并非直接取代他们的位置。需要谨记的是，机器学习模型只能够达到和训练它所用的真实值一样好的水平。

要想避开这个隐患，关键在于最终用户的初期参与。最终用户需要参与计划过程，从而确保他们完全理解解决方案，也能感觉到自己为最终产品作出了贡献。这甚至还意味着在构思和用例阶段邀请几位有影响力的最终用户，来动员用户、为用户群发声。（在使用之初，最终用户可能会有某种需求，而一旦开始使用解决方案，他们却意识到自己其实另有所需。）虽然早期投入并不是一种保证，但却能帮助缓解与新技术相关的一些恐惧。

隐患2：对开发团队进行微观管理

在敏捷开发的框架下，开发团队对项目技术实施的成功与否负有完全的责任，而透明度和互信度所构成的综合价值将是团队工作的基础。在此氛围下，若试图控制开发团队的方方面面，就称不上是谨慎的做法了。同样，为开发人员的每一次冲刺都设立目标也不是好的做法。这些都会导致动力的缺乏，从而削弱敏捷开发的效果。开发团队应当完全专注于项目，因此来自产品负责人的打扰越少越好。有些团队也会从开发团队中挑选 Scrum 经理，这是为了确保从敏捷开发中收获更多的益处。

隐患3：不具备恰当的技能

搭建机器学习系统需要很多专业技能，因此在项目开始之前，就要确保已经习得这些技能，并可以随时开工，这一点非常重要。无论是雇用全职员工，还是与承包公司建立联系，都需要尽早努力，不宜延迟。迄今为止我们提到过的必备技能包括人工智能、数据科学、软件工程、DevOps 等。招募问题也分为两个层面：一是所招聘的人员必须要拥有项目所需要的全套技能；二是你需要有充足的预算来支持他们。把这些问题都解决了之后，你在系统部署之路上应该不会再遇见其他技术上的难题了。

行动清单

——重新评估用户故事，确保各用户故事相关联。
——建立带有自动化测试的持续集成管道，确保系统质量。
——需要时可以让人工介入系统。
——对系统进行负载测试，确保系统及其组件可扩展。
——若系统部署在云端，请检查服务级别协议，并确保所签订的协议足够用于实现用户故事。

——向用户发布活动的（live）生产系统，并开启反馈生命周期流程。

注释

1. https://github.com/Netflix/chaosmonkey
2. 有关服务级别协议的示例，参见亚马逊 EC2 服务级别协议（Amazon EC2 SLA），网址为：https://aws.amazon.com/compute/sla/

第 7 章

随着人工智能生命周期实现蓬勃发展

完成系统的开发和部署并不意味着大功告成，人工智能项目和其他软件一样，也需要定期的保养和维护。即便你选择不再实现其他的新特性，也总会需要修复错误、更新服务器以及其他各种形式的维护，才能维持系统的运转。尽管系统维护费用一般不会有最初实施的费用那么高，但还是需要不断地投入一些资金，才能让它继续"发光发热"。

在进行项目的最初预算时，必须要确保项目上线后，还留有足够的资源对系统进行维护。通常在系统发布后不久、最终用户首次访问系统的阶段，会有大量问题涌现，这种现象非常普遍。事实上，对于系统初上线时期所提供的保障，甚至还有一个专有名词，叫作"超级关怀（hypercare）"。认为系统开发可以达到百分之百的准确率，并且觉得系统一旦上线就可以保证成功，这些都是错误的想法。尽管项目 80%～90% 的部分都不会有问题，但用户往往还是纠结于余下可能有问题的部分。随着时间的推进，所需要的用于维护的资源也应当稳定下来。这一固定数值应当被用作估算值，以保证来年有充足的预算进行维护。如果计划中有大型的更新或者迁移，也可以将这个预算估值提高一些。系统一旦上线，还有几项重要的活动必须进行，以确保系统健康运行，及项目在修正缺陷期间依然有所收益。哪怕某个项目可能最终毫无收益，但遵循接下来的步骤都可以帮助你的组织学习、成长。认为所有错误都无法避免就太天真了，最好的办法是从错误中学习，并且不在同样的地方跌倒两次。

纳入用户反馈

为了维持系统可用，除了决定继续主动开发之外，用户反馈也是关键环节。尽管在设计和实施阶段，用户代表应该已经提供过反馈，但当目标用户群体全部开始使用系统时，会出现一系列新问题。这些问题也许不是代码大错特错，而是想象的、预期的用户需求与实际的用户需求不相符。此时的重点应是为用户提供某种正式的渠道，供其交流这些差异之处。

收集用户反馈最简单的办法就是在系统中加入一个标有"反馈"的按钮。用户点击这个按钮就能够打开一张简短的表单，供其提交反馈。但仅仅有这个功能还不够，因为这似乎给人感觉反馈被发送到了虚无之地。在系统发布前，有这样一个按钮就位总归是件好事。如果没有设置这样的"反馈"按钮，当用户想和你交流一些有价值的反馈时，他们将没有明确的渠道可以分享。这不仅会令用户大失所望，你也会失去一些可能十分有价值的观点，很可能系统的用户参与度也会下滑。

有些组织通过简单的计划建立起了一些论坛，作为收集用户反馈的一种方式。这些论坛的美好之处在于它们的开放性。这种开放性使得用户可以回答彼此的问题，也能帮你稍微降低一些用户支持成本。最重要的是，这些论坛极大地提高了用户参与产品的程度，让用户能够借鉴彼此的观点。例如，如果你的人工智能系统可以进行推荐，但现阶段并不支持用户标记这些推荐结果以供日后使用，用户们可能会一致认为这是一项关键功能，应当加以实现。也只有当用户有途径公开表达他们的想法，其他用户才能够分享他们对该想法的支持，而你也将了解到有多少用户抱有相同的想法。其他一些仅对单一用户有价值的观点虽然不会引起大家的声援，但可能会被其他用户无意中读到，这部分用户也许会有简单又适合的变通之道。

对于内部系统而言，至少在实施的前几个月可以举行每月一次的评审例会，以确保能够进行公开讨论并弥补各种短板。这些例会还将帮助用户聚集到一起，分享新的系统使用方法。如果你的组织投资设立了社群运营经理的岗位来组织类似的活动，这种会议的形式也可以用在公共产品上。对于用户基础数量庞大且多元的复杂系统而言（比如由人工智能技术所支持的系统），知识分享是其成功的一大主要因素。

其他常见的反馈机制包括电邮发送清单（mailing list）以及公共错误追踪器（public bug tracker）等。当选择反馈渠道的时候，请认真选择一种让用户感觉最舒适的渠道。例如，如果项目的目标用户是开发人员，就可以采用公共错误追踪器，因为这种反馈机制与系统开发人员每天工作中所使用的机制相似，这一选择也将令项目受益匪浅。产品负责人应当准备一套追踪流程，记录收到的反馈及采取的行动，添加相关负责人，并检查他们的工作。这一流程是能够让组织准确地了解出现的问题，进而决定在未来的项目中避免同样错误的最佳方法。

用户知道自己想要什么，如果有机会，他们也会与你交流其需求。无论是直接通过系统还是以论坛的形式为用户提供反馈机制，都会让你收到与系统相关的价值颇丰的信息。你可以根据这些信息来优先推算出某些特性，或者是确定之前未曾发现的系统缺陷。正如想象的那样，生产环境部署完成后紧接着的这段时期，最有可能发现重大的用户问题。因此，任何系统上线之前，准备好一定形式的反馈机制都非常重要。

并非所有的反馈都要求系统根据用户需求进行改动，一部分用户遇到的问题只要通过训练或者发布更多的说明就能够有所缓解。可能会有抵触改变的用户，也会有用户仅仅就是满足于旧系统，甚至认为旧系统非常不错。如果项目管理妥善的话，上述这种用户的数量应当不多，但是他们的意见依然需要倾听，这样才能确保系统的实施不被打乱。

理想情况下，对于收到的所有反馈，产品负责人应当首先进行检查，然后再基于这些反馈采取行动。他们作为系统的所有者，理应对系统的任何变动做出最终裁定。他们还必须区分开必要的改动和不必要的改动，并且只针对建设性的反馈采取措施。但即使是这些建设性的反馈也并非立刻就能解决，一旦如此，就应当对这些反馈进行分析，并将其归入想法库，待到晚些时候再予以实现。

基于用户反馈的及时审核和行动将有助于解决项目实施阶段所面临的大多数问题。我们起初总是抱着必将成功的想法,但一旦事情偏离预期,只要我们坚持学习、拓展和完善,同样能够受益匪浅。

人工智能系统学习

人工智能系统最值得一提的一点就在于它能够"学习"并不断改进。这个学习的过程是自动化的(automated),但并不是自动的(automatic)。这两者的区别在于,若想要系统展开自动化学习,必须要有人来触发。人类用来做决定的知识存储是不断增加的,因此人工智能系统的知识也必须不断更新。若系统遇见不熟悉的新型输入内容,其能力可能会被削弱,从而无法正常回应。新的疾病一如既往地会被发现,新的产品也会不断问世,用户所使用的数据来源会无限重组,他们也会不断提出新的问题。因此,人工智能系统的内容需要定期更新,从而跟上不断变化的商业环境和场景。

尽管大多数情况下,这些变动都不大,并且是逐步推进的,但更新必须要持续不断地进行,以保证机器学习系统不过时,就像是我们人类也需要每天阅读最新的时事来更新知识一样。没有额外的辅助,当今的人工智能系统既无法进行访问,也无法预测出未来的发展趋势和前进方向。要想了解智能系统所缺少的知识,产品负责人应当经常查看系统日志,来决定需要采取的行动。这一过程能够反映出用户对系统的参与度,以及系统反过来对这些用户输入的反应。这些活动不仅可以帮助系统负责人识别出系统是否存在缺陷,在必要的情况下,还能够让他们制订计划、修复缺陷。这是一个持续的过程,但若没有这一过程,人工智能系统的功能终将过时。如同人类的大脑,所有的系统也都会经历自然衰退,但持续的学习能够保护人工智能系统免受其扰。

有些用户所提出的问题可能会触发类似于"十分抱歉,这个问题我无法为你提供帮助"的默认回复,或是让聊天机器人将对话移交给人工处理,关注此类问题是推动系统定期更新的另一种方法。如果能从这些用户问题中找到共同的主题，就可以为系统更新一些回复，这样也许能解决这些问题。实现这一点有两种方法。

第一种解决方法针对的是已经在人工智能系统中实现过，依然经常被错过的话题。这种问题比较容易被修复，因为此时你所面对的全部障碍几乎就是去理解某种语言。即便事先了解到了提问的意图，也无法预测到人工智能系统可能会遇见的各种各样的提问方式。例如，若用户问"我该如何贷款"，系统可以提供具体的回答，这是一个系统支持的用例。然而当我们查看真实使用数据的时候却发现，当用户的提问方式变成了"我该如何买房"或者"我怎样才能凑够钱买房"时触发的却是"十分抱歉"的回复。这种情况的发生就意味着需要对系统识别相关术语和短语的能力进行扩展。修复这一问题也很容易，将这些不被支持的问题与已经实现的"获取贷款"的意图绑定即可。当你不断用新的用户数据来更新真实值时，你的人工智能系统也会学习到更多种用户提问方式，而这些问题的答案早已存在于系统当中。

第二种解决方法则针对某个全新的意图，这种意图也许你一度认为对用户并不重要，却发现经常会被系统错过。虽然解决这个问题不会像处理上一个问题那么简单，但这些信息对系统成长、以及在保持系统与用户的相关性方面都极具价值。比方说你注意到，在触发默认回复的问题中，有 10% 的问题询问的都是大额可转让定期存单（CD）利率。有了这条信息，你便可以让聊天机器人与用户谈论一下利率，这不仅能够让更多的用户满意，也将为你未来的商业增长开辟新的渠道。

上述方法能够提高聊天机器人的能力，从而更好地应对用户感兴趣的用例。下次再有用户询问有关大额可转让定期存单利率的事宜，你的聊天机器人就已经具备了相关知识，可以智能地回应这类问题了。

新技术

人工智能是一个发展尤其迅速的创新领域，正因如此，现有的技术也在飞速地发生着变化。为了在竞争中保持领先，你应当定期对新技术的形式进行评估，比如一个季度评估一次。当然了，如果你希望与最新的发展齐头并进，参与到本地的人工智能社群就很重要了，以人工智能为主题的交流会就是这样的一条绝佳途径。在这些交流会上，不仅有本领域内的相关话题展示，你还有机会与参会的人工智能专业人士建立联系。这些交流会本质上就是小型的、局部的专题讨论会，我们强烈推荐你参加。除了聆听其他人讲述他们在各自组织中实施人工智能的案例之外，此类交流会和专题研讨会还是了解新技术的良好途径。一旦发现了可以应用到自己公司的新技术或者新方法，你会希望将它们标记下来，以供进一步调研。

人工智能系统有两种提升途径：第一种途径是提高系统运行所需数据的数量和质量。我们在上一节讨论了如何借助现有系统来捕获用户输入，从而增加数据数量。通过这种方法，系统准确率也许会从92%提升到94%，但随着数据的增加，收益很可能将递减。第二种途径便是采用新技术来改进系统。这种途径可以很简单，比如在同一个人工智能框架中采用新的模型拓扑；也可以很复杂，比方说采纳一种全新的技术，并用该技术来构建模型。无论你选择哪一种方式，拿出一部分用于开发的资源来为更具前景的技术制作模型总是一种明智的选择。在此阶段，你需要了解这项新技术是否有前景。如果前景不错的话，你还要决定是否投入更多的资源与努力，对该技术的具体实施进行探索。

另一种令技术考察的重点更为明确的方法是在实施的过程中留存一份"经验教训"文档，记录下还不够好的技术特性，或是囿于现实条件，当时解决方案所无法提供的必要能力。这些曾经遭遇的挑战可能迫使你不得不删减用户故事，推迟到晚些时候再实现。有了这份"经验教训"文档，你就可以明确有哪些缺漏需要补全。此外，在你持续关注最新发布的人工智能技术的时候，尝试将这些新技术用于开发阶段遇到的缺漏上，看看是否又有一些新的特性已经被转化为现实。

量化模型性能

在使用人工智能模型的过程中，能够将其性能以数据形式呈现也很重要。实际表现不好的模型要么可以用作起点，要么可以当作无效的示例，除此以外，这些模型是不应该被分享到模型库中的。具体衡量模型质量的指标有三个，在此之前，让我们先来了解一些定义。例如，我们有一个简单的模型，能够回答"是"或者"否"。假设它是个分类器，能够辨识出图片中是否包含动物。如果给它一张图片，上面仅有一只动物，那么模型返回肯定的回答"是"，这种情况视为真正例（true positive）；如果图片中没有动物，则模型返回否定的回答，也就是"否"，同样，这种情况视为真负例（true negative）。

在完美世界中，模型从不犯错，返回的全部都是正确答案。但很不幸，对我们而言，现实并非总是如此。有时候，虽然我们提供的图片中没有动物，但是模型还是会错误地声称这张图片中包含一只动物。如果模型返回的肯定答案是错误的，那么这种情况我们称为假正例（false positive）；同理，如果我们给模型的图片中包含动物，但是模型却错误地回答图片中没有动物，这种情况就是假负例（false negative）。

对于一个简单的人工智能分类器而言，这四个名词（真正例、真负例、假正例、假负例）是它可能返回的所有结果。这些值一般显示在混淆矩阵中（见图 7.1）。我们可以通过这些指标来量化模型的性能。下面，我们将具体介绍根据这些指标计算出的三种数值。

		真实值	
		包含动物	不包含动物
预测值	包含动物	# 真正例（TP）	# 假正例（FP）
	不包含动物	# 假负例（FN）	# 真负例（TN）

图 7.1 动物分类器的混淆矩阵示例

精确度

精确度（precision），在英文里是一个常用单词，一般是指某事物的具体程度。在机器学习领域，精确度有着非常明确的定义，即分类器预测真正例的次数除以所有正例预测的数量。在我们这个例子中，指的是当模型预测图片中含有动物的时候，其预测实际上是正确的。将模型做出的所有真正例预测的次数除以所有正例预测的数量，便可得出这一数值。换言之，精确度是

$$精确度 = 真正例 / (真正例 + 假正例)$$

召回率

我们介绍的第二个指标叫作召回率，它指的是一个分类器成功地确认一张图片（图片当中的确包含动物）中含有动物的次数。简言之，当正确答案为正例的时候，模型预测的结果也为正例的频次有多少。这个指标与精确度的概念稍有不同，但二者的差异很重要。

$$召回率 = 真正例 / (真正例 + 假负例)$$

当一组用例中所返回的正例和负例回答出现明显偏态分布的时候，重点在于同时考量模型的精确度和召回率。例如在肿瘤学当中，机器学习模型通过查看图像来判定是否罹患癌症。模型处理过的大多数图像都是不存在癌症的。但是假设未患癌症的图像比例为99%，那么即便一个分类器总是预测"不是癌症"，其精确度也能达到99%。从这一指标来看，该模型性能极佳。然而同样是这个模型，如果查看其召回率指标，便会发现召回率的数值将极低。因此，在评估模型性能的时候，同时考量两项指标才是明智之举。

F1值

精确度和召回率就像是同一枚硬币的正反面。如果模型的精确度保持在相当高的水平，就会牺牲掉召回率；抑或是想确保模型拥有超高的召回率，那么牺牲的便是精确度。继而可以参考第三种指标：F1值。该

指标结合了精确度和召回率，试图在二者间寻找一个中间值。F1 值具体定义为：

$$F1 = 2 \times （精确度 \times 召回率）/（精确度 + 召回率）$$

F1 值有助于直接地比较多个模型的性能，并从中挑选出最佳的一个。如果你有正在使用的机器学习模型，但还没有使用这些指标对其性能进行量化，那么通过计算这些指标，模型将提供更好的服务。同时，这些指标也可以设为基准线，用于未来的提升改进。

更新并审核想法库

在第 2 章 "构思" 中，你已经了解到想法库对于组织而言至关重要。一个想法库所能带给组织的价值在于，正是它让你拥有了一个能够产生全新的想法并予以实现的流程。员工的周转和流失可能会令整个组织的记忆变化无常、留存时间短暂，在这些情况下，想法库便担起了永久知识储备的作用。

想法库应当由高层决策委员会管控，以确保其潜力不被白白浪费。每年应当从委员会成员中任命一位主席，其职责是对委员会会议进行监督。想法库应当收集公司各个层面的建议，从而使想法中所展现出的观点的涵盖范围最大化。这些想法可以源自内部论坛、邮件提交，也可以来自头脑风暴会议。虽然最终将有严格的标准对想法进行评判，但这些想法无须在一开始符合标准。大家最初提出各自设想的时候，可能都是自发且不断变化的。从这一方面来看，为了实现利益最大化，应当鼓励各种形式的想法都提交到想法库。如果管理人员重视想法库的话，公司也能够建立起一种创新、进取的文化氛围。

每个季度还应当召开一次会议，对想法库进行审核，以确保任何一个能够得以实施的项目都可以及时开展。在审核会议伊始，可以先讨论组织当下的目标以及未来计划前行的方向。一旦大家的想法趋于一致，便可以开始讨论并挑选最新提交的想法，并就这些想法对于组织来说的可行性和潜在价值展开审议。审议的重点并非出台某个全新的项目，而是进行讨论。

知识库

如今，绝大多数大型组织通过用户手册和指南建立起了内部知识库，以用于解释其自身产品。但比起这一点，知识库还可以提供更多信息，有更多的教育意义。对于现代系统而言，知识库可以成为创新的有力武器，推动组织内部的创造力。你可以扩展现有知识库的范围、增加其容量，利用知识库为员工提供所需技术、筛选大量的数据，并在更多领域收获专业知识。鉴于世界变得更为复杂的现实，跨学科的知识库已成为一种必需品，而解决方案就经常出现在多个学科（比如人工智能和金融）的交叉点上。

知识库不应当包含任何高度机密的文件，如商业计划或未来市场预测等，但外部信息应当被收录其中。所有的员工都有其个人知识库，可能是书本形式、一些学术文章，或者一个名为"我的重要链接"的文件夹，里面包含有各种PDF文档和大量繁杂的文件。知识库可以在部门间分享个人的知识，推动更有价值的信息交换，从而催生新的想法和见解。

一个在线知识库最重要的基本特性就是能够检索数据（搜索）、索引、帮助用户协作。像Wordpress这样的现代博客很容易建立，也已经预安装了上文提到的大多数特性，诸如此类的解决方案能帮你快速上手，开展工作。随着信息不断增多，价值开始体现，此时还可以投入更多资金购买更加专业的软件，以获得更强大的搜索能力。知识库中显然应当包括各种书目、文章、链接等，员工所写下的笔记等其他材料也可以收录其中。这些笔记可以为运营公司的专家提供重要的见地。只要一个简单的搜索并添加信息的流程，就可以减少重复内容。为员工订阅数字图书馆或实体图书馆的服务，也都能够为知识库带来数量相当可观的技术或非技术领域的信息。比如Safari在线图书服务（Safari Books Online）就是一个很好的技术资料来源。

各种门类广泛的材料都可收录到知识库中，比如以下几种类别。

- 数字或者实体图书馆中的书籍，可供管理人员、开发人员和分析人员解决问题使用。也可以通过订阅相关服务来获取书籍。

- 在线教程、代码示例，以及其他公司内部曾用于项目实施的开源项目的 README.md 文件（即项目入门手册）。
- 包含有项目文件以及所有项目（无论完成与否）的文献材料的数据库。有时候反而是事后析误的文件最能提供深刻的见解。

无论一个新项目是供内部还是外部使用，其实施阶段都是知识库扩展最快的时期，因为在此阶段，项目的计划人员和执行人员都将碰见许多需要解决的困难问题或是事项。想要解决这些问题，首先可以搜索知识库，看看是否已经存在与该话题相关的信息。如果知识库中找不到答案，就在找到解决方案之后对知识库进行相应的更新，以供日后使用。这一过程很有可能让你在未来的项目中更加应对自如，也能够让组织记忆更为丰富。

虽说知识库是一个相当不错的工具，但也同样受制于信息衰败法则。如果知识库不经常更新，就会失去准确性，变得过时。现代世界的变化速度超过以往，旧的技术不断地被更新的技术所取代。因此，另一个重点在于不断地查看信息是否老旧或者过时，并对这样的信息予以标注。这一点可以通过数据库管理员设置的政策（限制条件）来实现。例如，日期在两年以上的文章都将被认定为有问题，将进行标记以供审核。此外，一旦用户碰见了类似的信息，也应当有权限对此类文章进行标记，申请将此类文章从存档中删除。

知识库是信息的通用存储库，因此下一小节，我们将关注信息相关模型的存储和读取，这些模型也是人工智能项目开发的一部分。

建立模型库

随着时间的推移，你的组织可能开始着手创建更多机器学习模型。这些模型各具价值，在未来的项目中也有可能发挥作用。这就像用模块的方式将代码保留起来，以供日后再次利用一样。因此，建立一个中央存储库，收集人工智能模型及其相关组件，日后将受益匪浅。组织在人工智能方面的投资应该是长期的，所以建立这样一个中央存储库宜早不宜迟。

模型一般都是二进制文件，但也可以写成代码形式或者是人类可读的、结构化的模型参数文件。这些"说明"将规定好电脑智能地做决定的方式。尽管基于原始组件来重新生成的模型类型并不能确保是对原模型一模一样的复制（如深度学习模型中，神经网络的权重初始化就是随机的），但输出结果也会相差无几。

模型库以及模型的生成方式、使用方式，甚至是调整方式（需提供必要的训练数据）等文件一起，都应当存储在内部的微型网站上，供日后需要。你可以为共享模型的重复利用添加一些社交属性，比如评论功能或者是内部论坛，来鼓励工程师们彼此交流观点。论坛中应当提供访问模型库、文档、设计决策等内容的链接。同时，也请对论坛进行监督，因为论坛就像是组织的镜像，确保论坛内容的文明是值得付出的努力。

模型库将高度依存于组织的项目和用例。如果主题较为宽泛，那么模型库可以根据模型类型来大致分类，比如区分出深度学习模型和统计模型。每一个模型都应当添加相关的关键词作为标签。你可以开发一种标准的标签模式，明确每个模型至少要添加的标签信息。例如，可以按照下述格式来安排标签：框架、用例、部门。为模型添加标签不仅可以加快检索，还能够对多个相关模型进行比较。

还需要确保模型库配有索引机制，这便于检索，能够让用户迅速找到所需内容。模型库的元数据应当包含所使用的底层框架（如TensorFlow或者PyTorch）、生成模型所用参数的说明，以及训练模型用到的训练数据集（或是指向数据集的指针）。如果模型库能够做到如此详尽，人工智能在组织中的应用也会更快。文档应当简洁明快、随时更新。没有文档的话，很可能将无法重新利用某个已经开发出来的模型，开发时的艰辛也将付诸东流。

模型库组件

当提交模型到模型库时，贡献者应当提交具体信息。下列指南提供的是每条模型记录中应当包含的字段，仅供参考。

- 模型描述：一个模型库首先必须要描述每个模型的功用，这也是最重要的一点。该模型能够解决何种问题？什么样的输入才能被视为有效？我该如何运行这个模型？
- 模型文件：这些文件应当是能够下载并运行的真实模型文件。
- 指标：正如上文所讨论的，诸如精确度、召回率、F1 值等指标可以用来判定一个模型的性能。即使模型库中某个模型的性能不符合特定用例的标准，也可以将其当作起点，这将极大地节省模型开发时间。
- 模型技术：指的是创建模型所用到的技术。可以是一个为深度学习服务的库（如 TensorFlow），或者是一种语言，可用来编写更直观的统计模型。
- 训练数据：是一个压缩文件，存放的是所使用的训练数据及一部数据（比如所包含的样本数量）。
- 确认数据：与训练数据同为压缩文件格式，仅所包含的数据示例不同。
- 许可：有些时候，模型或其训练/确认数据的访问权限可能受限。例如，与某个模型相关联的数据可能是一个特定合伙人的独有资产，因此无法被直接重复使用。尽管如此，有了许可，一些衍生知识资产还是可以再次利用的，如所生成的模型。此种情况下，模型库中的记录可能缺少相应的训练数据及确认数据。
- 模型参数：创建模型时所用到的任何参数，可以通过调整这些参数来得到不同的结果。参见下面几个例子：
  - 步长（step size）（深度学习）：指的是算法进行调整所用的学习步长。步长值越高，模型训练速度越快，但其代价在于无法保证收敛的准确性。步长值也可以设为变量，随着训练的进行而变化，如果这样设置的话，在模型库这里调用出来也可以。
  - 时期数（number of epochs）（深度学习）：为了更新神经网络权重而对训练数据进行处理的次数。
- 使用记录：这是一份记录该模型过往使用情况的列表。该列表能够让人们了解到自己的用例与以往用例之间的相似度。此外，列表中还包含过往用例的联系信息，使得组织间的协作更加紧密。这样一来，除了模型库中记录的相关信息之外，也可以直接交换更多的自定义信息。

- 标签：贡献者还可以为模型添加一系列标签，以提高模型的可发现性，让模型更容易被找到。标签中所包含的词语应当能够阐明模型的目标以及其他该模型所独具的特色。
- 评价：如果用户可以对你的模型进行评价，这将是一种绝佳的反馈机制。这种社交组件还让人们能够解决彼此的问题，类似于论坛上发的帖子。
- 托管演示（hosted demo）（可选）：没有什么比亲眼看到模型运行的情况更能说明一个模型的作用了。从模型库的角度而言，这个组件可视为可选项，因为加入该项可能会涉及模型的运行，而随着时间的推移，需要对模型进行维护才能保证其运行。将这一条设为可选项，就是降低了标准，意味着更多的人能够为模型库贡献记录。随着模型库规模的不断扩大，它所能带来的利好更是呈指数增长，正因如此，拥有更多模型记录比确保收录的每个模型都包含运行演示重要得多。因此，有托管演示组件固然理想，但并非必需。

模型库记录示例

现在我们以前文讨论过的动物图像分类器为例，来看一条模型库中的记录示例：

- 模型描述：该模型可对图像进行分类，以判定图像中是否包含有动物。模型采用狗、猫、鸟、松鼠和狐狸的图片进行过专门训练。
- 模型文件：animal_image_classifier_model.zip
- 托管演示：https://mycompany.com/modelLibrary/animalImageClassifier
- 指标：
  - 精确度：0.94

- 召回率：0.87
- F1 值：0.904
- 模型技术：
  - TensorFlow（版本号 1.14）
- 训练数据：
  - 用例数量：1 600
  - 文件：`animal_image_classifier_training.zip`
- 确认数据：
  - 用例数量：400
  - 文件：`animal_image_classifier_validation.zip`
- 许可：训练和确认数据集来自公开数据集（https://datasets.com/animals），可在商业应用中重复使用。所生成的模型可供内部用户使用，但不可用于外部销售。
- 模型参数：
  - 步长：0.003
  - 时期数：10 000
- 使用记录：
  - 08/12/2019——与阿克尼公司（Acne Corporation）的一次合作中曾使用过该模型，当时他们利用该模型成功移除了图像池中不包含野生动物的图片。更多细节，请联系负责人杰克（jake@acne.com）。
- 标签：动物、狗、猫、鸟、松鼠、狐狸、acne、tensor flow、深度学习
- 评价：
  - "这个模型太棒了。我能够以它的训练数据为基础，添加我需要的动物，在特效工作室中使用。"
  - "这个模型性能如何？"
  - "当部署在谷歌机器学习云计算平台的基本层时，返回一张 3Mb 的图像所需时间不到 300 毫秒。"

模型库解决方案

尽管可以从零开始创建自己的模型库，但其实刚刚提及的大多数组件都有现成的解决方案。例如，在建立知识库时，我们推荐使用内容管理系统 WordPress，该系统也同样可以维护与模型库相关的大部分数据。你可以为每个模型创建一个新页面，页面内容就使用基于文本的数据。这些页面还支持添加附件，所以模型文件及其相关数据可以直接上传。WordPress 还允许为页面添加标签，让它们更容易找到。最后，还可以启用 WordPress 页面的评论功能，来为模型库添加社交功能。

模型库中很难与内容管理系统兼容的主要就是托管模型了。是否能够兼容更多取决于模型的具体情况以及创建模型所用的技术。例如，采用 TensorFlow Serving，可以将用 TensorFlow 所创建的模型在基础设施上托管。在此基础上，还可以写一个简单的网页应用程序，通过一些预定义的输入调用模型，显示模型运行结果。如果模型处理的是图像，那么运行结果可以叠加在图像上，从而形象地展示出模型的运行情况。

无论你在自己的组织中以怎样的形式实现模型库的概念，保留一份总体的历史记录来服务于未来的项目都十分重要。这不仅能令你在创建新的人工智能系统时更具自信，还通过重复利用与协作，减少了新系统实施所需的时间。

共促源代码开放

开源社区源起于过去的小型兴趣爱好项目，迄今走过了漫长的发展历程。尽管开源项目曾经并不能上手即可使用，操作起来也很困难，但现已经被证明是世界各地商业的一大福音。现今大多数服务器的内核、网络服务器，甚至是后台数据库都是开源的。公司规模越大，能够负担得起的开源代码片段也就越多，但即使公司较小，将内部开发软件的非竞争性部分的源代码开放也是明智之举。而此举所表达出的善意以及建立起的积极的公共关系，正是发布和参与开源项目的无形收益的一小部分。

确定代码库中哪个部分的代码可以开放、同时还不会削弱公司的竞争力，是一个棘手的问题，这一决策将完全取决于你个人以及你对代码库的评估。而由产品经理、开发人员以及公司领导所组成的委员会则负责决定是否允许这些代码对外开放。这个团队由多方人员组成，从而确保对公司至关重要的代码不会被意外发布。例如谷歌就开放了TensorFlow的源代码，但是使用同样技术所开发的模型却依然是保密的。诸如红帽（Red Hat）等公司所采用的开源政策则更加自由。无论作何选择，开放源代码都将带来庞大的收益，你的收获往往将大大抵消掉失去一些次要的竞争优势所带来的负面影响。重要的是，开放的应仅限于那些能够自己运行的、无须依赖外部授权的代码。实际上，公开的应该只是那些能够独立使用的代码。

很多人都认为，开源软件会让黑客更容易利用软件的漏洞。恰恰相反，据观察，隐藏式安全（security through obscruity）几乎没那么有效。最佳的安全实践是无论攻击者是否掌握了协议的全部信息，都应当确保系统的全面安全。诸如公共/私人密钥对这种技术，其实施是完全公开并经过审核的。真正保证安全的是秘不外传的独立私钥。

开源项目的代码及其任何脆弱的地方都公开明了，这使得公司不得不更加关注安全。因此，如果一段开源代码有安全隐患，大家也就能够更容易地在公开论坛呼吁众人关注。假使有人还想继续使用这段开源代码，就必须先进行修复。此外，由于代码很容易获取，任何好心人都能够提交修复程序，项目维护方也能够将这些修复代码纳入核心代码库中。因为这些修复程序也都是公开提交的，因此即使在项目维护方将安全修复代码纳入"主分支"之前，开源项目中的其他用户也可以自行应用。在开源项目中，安全问题将由整个社区承担，因此也能够快速地解决，这也是利用开源项目的一大主要优势。

然而，对开源社区的应用也不仅限于安全层面。一个开源代码库能吸引一群志同道合的开发者和爱好者，他们所形成的社区可以提供有关代码库的直接反馈，并改善其特性。通过采用 github.com 等服务，你可以将开源仓库公开地托管在网上，从而借助全球各地的开发者之力。此后，你便可以将从社区中所收获的资源整合进项目当中，就像是打安全补丁一样。开放软件的一部分源代码之后，你也同样能够受益于这个才华横溢的社区，作为交换，你只是公开了一部分技术，而这并不会削减你的竞争优势。

数据改进

数据、数据、数据……正如夏洛克·福尔摩斯（Sherlock Holmes）的解释，"没有黏土无法造出砖来。"这句话适用于寻找线索的侦探，也非常适用于人工智能。人工智能依赖训练和测试数据得出与我们世界有关的结论。数据支撑越好，模型也才越好。但数据并不会一成不变，人类现在所产生的新数据之多前所未有。随着我们开始在家里和生活中使用更多的物联网（IoT）设备，各种新型传感器和新的指标也越来越多。某种程度上正是由于这些新的智能设备的出现，我们才能够将之前无法测量的数据收录进系统。

从这个角度来看，每一个人工智能项目都应当配有一个数据改进计划委员会，以着眼于新数据的获取。这个委员会应当定期举行会议，评估从现有资源中产生的数据，以及扩大数据来源的方法。正如第 4 章 "数据管护与治理"中所讨论的那样，数据可以来源于企业内部、免费获得于网络，或者经过许可后获得。在当下这个复杂的现代社会，从来没有哪一组数据是"完整"的，总会有数据被忽略掉。要么因为获取数据的成本太过高昂，要么是收集数据的手段还未问世。委员会开会的时候应当首先讨论当前所使用的数据，然后再探讨新的数据来源。人工智能项目可能会持续若干年，如果在项目伊始就使用过期数据，将造成越来越多的错误决策及分析。因此，重点在于确保收集更新的数据，这样才能够反映出当下的趋势。有关这些改进的决策也应当由委员会在开会的时候做出。

我们用一家虚构的公司举个例子。假如超级钢铁公司开发了人工智能系统来监测其工厂的产出和废料。该系统使用收集自企业资源计划系统的数据来估算其成本和方差。物联网设备现在更加便宜，使用也更加广泛，因此数据改进计划委员会决定安装这些设备，来追踪铁在整个生产过程中的消耗情况及其温度、密度。这种改进将填补当前可视性方面的缺陷，激发出更多高瞻远瞩的生产流程，还能够扩大可改进的范围。

让我们再以一家虚构的公司为例。这家叫作"今日商业分析"的公司从股票分析中提取商业观点。数据改进计划委员会可能会建议对调查报告中所使用的语言和语气进行分析，而不是仅局限于研究数值数据，这种关键的意见将为选股提供新的视角。如此一来，委员会的建议不再是收集更多数据，而是用另一种不同的方式来利用现有数据。

人工智能系统还能够发现前所未见的相关性，这完全得益于其幕后进行的海量统计数据运算和比较。如果正在生成的数据流有三组，其中两组被认为是相关的，所增加的另一组数据流则能使这组先前没有用处的数据序列得到再次利用。

因此，一个组织应当致力于通过数据改进计划委员会来扩展现有数据，并更好地利用手中的数据生成更加多样化的衍生特性。这些衍生特性将会促使人工智能系统的性能更强，进而使得整个组织的表现更上一层楼。

能力越强，责任越大

人工智能也许能够解决涉及海量变量的复杂问题，但我们也必须保持警惕，不能容允这种强大的计算能力被用于有破坏性的目的。所收集和存储的有关个人的数据要确保用于正当目的，其获取也应当征得当事人的同意。同时，当事人也应当清楚知晓数据的用途（请牢记，出于很多种原因，隐私权政策十分重要）。对于决定人类命运的算法，必须时刻予以关注，因为纯数据的方法有时依然可能带来偏见。

提及能够获得大量敏感数据的公司，我们以 Palantir 公司作为例子就够了。Palantir 公司由贝宝（Paypal）的联合创始人彼得·蒂尔（Peter Thiel）于 2003 年创立。[3] 该公司与军事部门和警方合作，为其分析数据。它用于收集情报并进行分析的软件在阿富汗一举成名，也为他们赢得了当地警方以及联邦调查局的合同。Palantir 公司曾参与分析并解读情报部门和地方警察局所处理的大量的数据，帮助后者筛查并监督潜在的违法者和惹是生非者。公司旗下的 Palantir Gotham 平台为军方客户提供服务，而 Palantir Metroplis 平台则用于调查欺诈，以及对银行、对冲基金和金融服务公司进行内部监管。在 2009—2016 年，已有数家警察局和融合中心与 Palantir 公司合作过，支付费用超过 5 000 万美元。

随着用于监控威胁所收集、使用的数据规模不断扩大，有必要在某个时期暂停下来，反思一下对所涉及的用户或是主体的权利和隐私的保护情况。一旦这些系统被赋予左右人类性命的能力，就必须极其小心地对待，也一定要从人性角度出发考量，而且只要有可能，它们的算法也应当公开。当这些系统被合法、审慎地使用的时候，它们是大有裨益的工具，但若被用心险恶、狭隘之人所用，它们就有可能沦为帮凶，这种造成破坏的风险绝不可低估。若有效监管无法开展，被误用的概率将越来越大，哪怕只出现一个行为不端的人，整个系统都将受到危害。如果算法不能被妥善维护，没有修补的漏洞就会被滥用，上述情况就更有可能发生了。微软的推特聊天机器人 Tay 就是个典型例子，有一部分用户教会了这个能够进行自然语言处理的机器人表达种族歧视的言论，导致微软不得不将其下线。

能力越强，责任越大，这听起来是老生常谈，但形容当今时代却依然贴切，因为很多公司都可以处理庞大的数据，其做出的决策也可能颠覆世人的生活。因此，所实施的每一种影响到人权、隐私、平等的算法，都应当被彻底测试，排除任何潜在的隐患，这一点至关重要。

隐患

下面是对人工智能进行迭代时可能遇到的一些隐患。

隐患1：认为项目实施即大功告成

有相当一部分项目经理或者企业会认为，一旦项目得以实施，便万事大吉。这种看法并不正确。项目上线之后，和其他所有事物一样受熵的影响，如果不定期维护，会开始迅速衰退。因此，项目计划中应当为开发人员留出时间，来应对实施后发现的错误以及进行相应的改进。所分配的时间无须超过总体实施时间的10%，但十分重要，关系到实施的成功或失败。限制修复程序的范围也相当重要，这样才不会使现有的系统整体偏离主题。此外，大型项目在实施过程中也可能会发生意外情况，比如在临上线之前出现硬件故障等，也需要对这些复杂情况进行妥善管理。

隐患2：忽略用户反馈

系统实施后，对用户反馈的收集与分析也十分重要。忽略用户反馈最终将使得大部分项目走向失败。而用户们一旦感觉自己的意见无人倾听，可能将无法充分利用软件所带来的全部好处，更有甚者可能完全拒绝使用该软件。一旦出现这样的情况，唯一的出路大概就是对已发布的软件进行调整。若拒不考虑用户需求，不仅会拖累生产力和效率，甚至最终可能导致新软件的运行颗粒无收。强迫用户使用有问题的或者不完整的软件也不是长久之计，因为用户最终将完全抛弃该软件，组织的声誉也会受损。软件为用户而生，因此，收集用户输入并基于用户反馈做出改变，是成功的必要条件。

隐患3：提供的用户训练不足

软件所能达到的用户友好程度是有限的。为了确保用户能够正确地使用软件，并从中获取最大利益，培训用户正确使用新软件十分重要。大部分人工智能项目的用户都极有可能是分析师或行业相近的人，他们几乎对计算机科学一无所知。因此，为他们讲解如何操作工具妥当完成工作，也是当务之急。培训不仅应当包含对菜单和用户界面的简单说明，还应当完整地介绍软件，以及该软件将如何对用户的日常工作带来积极的影响。这个培训的过程最好不要只进行一次，而是安排几天时间，这样可以帮助用户更好地消化信息，并留给他们提问的机会。员工经过良好的培训之后，能够充分利用手里的软件工具，其工作将更有效率，准确率也会更高。

行动清单

——建立表单或提供其他方式，方便用户提供反馈。

——除非反馈不可行，否则请基于收到的用户反馈采取行动。

——创建知识库，促进协作。

——创建模型库，推动组织内人工智能模型的再次利用。

——讨论代码库中可对公众开放的代码片段。

——组建数据改进计划委员会，定期召开会议，确定新的数据源，探讨利用现有数据的更好方式。

——定期审核个人数据的存储和使用，确保管理的万无一失和信息透明。

注释

1. www.tensorflow.org
2. https://pytorch.org
3. https://en.wikipedia.org/wiki/Palantir_Technologies

第8章

结　论

  人工智能拥有使任何组织转型的潜力，尽管转变的方式各不相同，但遵循的应当都是本书所勾画的路线图中的步骤。依照之前的章节中列出的所有步骤，你便可以在组织内实施并熟练使用人工智能技术。数据和计算机帮助我们理解世界，带领我们奔向美好的未来——那时我们所做的决定也更加明智，而人工智能就是开启这美好未来的密钥。这些未来的计算机不仅知道如何打开开关，还懂得开关之所以需要打开。甚至有一天，它们可能会更进一步，询问我们到底是否需要开关。

  尽管人工智能并不能解决组织所面临的全部问题，但它却有可能彻底颠覆你的商业模式。人工智能的影响遍及各行各业，无论是制造业还是金融业，它都能将效率提高到前所未有的水平。随着更多的行业开始采用或尝试采用这一技术，更新的应用也将应运而生。与刚刚引入计算机设备时相比，人工智能所带来的改变将辐射更广的范围、产生更大的影响。它将改变我们交易、诊断疾病、做手术、驾驶的方式。在工业流程、医学成像、金融建模和计算机视觉领域，人工智能所带来的改变已经有目共睹。我们将更好地利用其巨大的潜力，这样，未来所有人都将能做出更优质的决策、进行更快更好的分析。

  技术有办法让不可能变为可能，关键在于识别出那些能够为组织带来影响的技术，并判定它们是否已经成熟到可以用来建立真正的系统的程度。这项技能需要长期的学习，有时候也要制作原型才能确认。制作原型有助于推动创新，同时还可以使研究成本保持在较低水平。只要错误的影响不大，且容易纠正，那么这些错误就是好的。实施新技术可能是个令人望而生畏的任务，但是一步步地不断提升将极有助于使你的组织立足于行业领先地位。了解人工智能相关的最新发布也同样有利于组织优化。

智能商业模型

沿着本书铺设的路径一路走来，你的公司将大有改观，它现在需要一个全新的模型，需要我们能够理解并可供遵循的模型。虽然模型建立在小错误之上，但这些错误可以迅速被修正，并将持续带来可观的回报。采用这个模型也许意味着在你对其进行调整、与最新战略磨合期间偶尔会遭受损失，但你仍然在不断创新、不断成长，全速、大步跨入未来世界。在组织中应用敏捷框架将极大地提升效率，为你带来增长。同时，这既能减少犯错机会，也能压低成本。

这个焕然一新的商业模型专注于创新与增长。有了人工智能的助力，在这个永远无法预测、变幻无常的世界里，你将为公司安排出最佳的行动计划。随着人工智能技术的不断发展，你还将拥有一位全能伙伴。人类决策者们在过去只能同时考虑几个变量，而人工智能将帮助我们克服这些短板。这不是说人工智能将会取代人类作出决策，而是人类将在人工智能的帮助下，得出更加稳妥、更为安全、更可持续的结论。

简要回顾

本书中所提供的人工智能实施流程是可塑的，并不会一直不变，也无需一字不差地遵循。必须根据组织的需要来对该过程进行个性化的调整，可以跳过一两个步骤，或者基于对组织运营的认知增添某些步骤。盲目地照搬本书列举的各个步骤反而可能让组织受到文化冲击，非但无法为组织发展提供支持,还可能阻碍其增长。一定要尽力避免全盘照搬。

所有的组织都各具特色,其运营手段也各不相同。从来没有哪一种实施方法是普适真理,可以为所有组织带来大幅度的改进。只有将组织当前的状态与预期结果进行仔细地比较,发现差异所在,进而寻求改良流程的最佳途径,才能更好地满足需求。你也可以选择直接照搬其中的某些环节,比如想法库的实现,但即使是全盘照收,也同样需要了解如何最佳地组织想法、安排审核会议、存储想法库等,从而确保这一过程不会给员工带来过大的负担。重点在于组织里的每个人都能够理解这些改动,并能够正确实施。

请记住,这一过程本质上是很灵活的,下面附上对整体过程的简要总结。

第1步:构思

每个项目都始于构思,涉及人工智能的项目也不例外。如果想将想法提升到组织前沿,需要首先培养一种创新的文化。有了创新型的焦点小组和想法库,也就拥有了最棒的工具,组织里将持续不断地诞生全新的观点,你的组织也由此有更大的概率成为先行者。在此阶段,如果能够学习所需的技术、了解将会面临的挑战就更理想了。虚心接受所有观点,并确保在对所有的想法进行判定之前,都将其公之于众,这有利于在组织内建立起一种协作、创新、相互支持的环境,日后又好又新的想法将不断地萌生。

第2步:定义项目

待到想法成型,即将予以实施,接下来就要将其拆分成若干可行动的步骤。基于想法来拟订项目计划的方式有三种,分别是设计思维法、系统分析法、德尔菲法。设计思维法面向的是抽象的想法,试图寻找一种全新的角度来理解现有的流程。系统分析法则将帮助你改良现有的系统,而对于需要专家意见的领域而言,德尔菲法最为适合。虽然各种技术之间并非相互排斥,而且如果结合使用,还将与项目更好地契合,但是如果用错了技术，很有可能项目计划不甚理想，甚至导致整个项目的全盘失败。在这一阶段，还需要为项目确定衡量标准。没有成功的标准，你将无从得知前进方向是对是错，因为对和错的概念从未建立起来过。

第3步：数据管护与治理

人工智能系统的首要组件就是数据。如果不对数据进行训练和测试，人工智能系统将会毫无用处。所收集的数据可以来自内部，也可以来自外部。来源于内部的数据一般问题最少，应当能够直接使用，但如果没有直接存储在计算机中的话，可能需要先做数字化处理。只有被认为有价值的数据才需要转化为数字形式。所收集的数据集规模将不断扩大，若在此时还没有出台数据治理流程，建立相关流程也十分必要。特别是欧盟出台了《通用数据保护条例》之后，现在若想利用用户数据，那么在收集数据之前需要建立治理流程。同时，还要注意坚持采用正当的数据收集技术，以避免引起法律问题或者商誉问题。

第4步：原型制作

原型制作是对项目计划的小型迭代的发展，而项目计划可以用来展示项目的早期价值。作为一个原型，必须要是实用的。如果函数中包含"跳过（pass）"语句，这样的软件将无法运行，也就不能算作是真正的原型。在搭建原型之前，还应当寻找一下市场上是否已有现成的解决方案，因为使用已有的代码不仅更节省成本，其风险也将更低。原型开发的第一步一般是定义一个逻辑架构图。在这个节点上做出的一些重大决定将对最终的结果产生巨大的影响：如技术的选择、所使用的编程语言、云应用程序编程接口以及微服务等。采用敏捷方法开发原型的话，利益相关方也应当参与到过程当中。

第5步：生产

确认原型有价值后，就可将其扩展并完善系统，发布给最终用户。在生产系统发布的过程中，如果想要再次利用原型中的代码，应当采用混合式的方法。但即便如此，也必须要首先梳理代码，以便于日后维护。将项目发布给用户之前，还应当实施自动化测试与持续集成。持续集成技术将有助于避免代码冲突，而自动化测试能够在问题被推送给用户之前就向你发出警报。实施持续集成管道将在整体上为项目带来更高质量的代码以及更优秀的软件。在生产环境中，采用混合式的人工智能系统，在人工智能算法无法胜任的时候引入人工来填补缺陷，会使得系统更加智能。生产环境还需要具有可扩展性以处理用户负载，从而避免系统完全故障或由此导致无法使用。你可以在云端部署计算服务，这样一来，无需花费大力气，便可寻得可扩展性问题的解决方案。很多供应商都提供这种计算服务，如 IBM、AWS、谷歌云平台、微软 Azure 平台等。

循环往复：随着人工智能生命周期实现蓬勃发展

项目的发布并不等于完结，还有错误需要被修复，用户反馈也有待于吸收。通过嵌入软件的表单或者调查来收集用户反馈能够帮助你找出亟待解决的缺陷问题。若想使项目持续保持在可用的状态，还需要不断为系统提供更新的数据和例子，来不断提高系统的智能水平。

定期查看想法库，有助于发现新的机遇。此外，还应当基于项目中所收集的资源（以及通常所收集到的资源）在组织中建立知识库并定期更新，此举将服务于未来所有的项目。知识库中还可以设立模型库，这有助于所有长期的人工智能项目及其应用。如果你愿意开放解决方案的源代码（或部分源代码），开源社区的伙伴们就会应邀来提供帮助。最后，请确保获取的是最新数据，并定期对数据进行更新，这些都有利于模型持续、稳健地运行。过时的模型将做出错误的预测，进而可能危及业务。

还在等什么呢？

本书描述了人工智能技术的应用之旅，从最初的构思，到完成用户故事、获取数据，再到实施原型，形成最终的生产系统，这一路的风景都已经在书中被淋漓尽致地描画出来。

可能有些读者刚刚踏上这段旅程，也可能有些读者已经进入人工智能系统生命周期的最后阶段。即便你已经搭建过第一个人工智能系统，在未来的项目中，或是对系统进行大规模改造时，遵循本书所提供的应用方法依然会令你获益匪浅。路线图提供的是一个结构，即这一路需要完成的事项清单。我们衷心地祝愿你和你的组织成功地将未来之憧憬化为今日眼前之所见。

附录 A

人工智能专家

人工智能专家

在撰写本书的过程中,我们请教了机器学习工程师和数据科学家等技术专家,以及一些已经开启人工智能应用之旅的商业领袖。我们向每一位专家提出相似的五个问题,他们给出的观点或相近,或不同,十分有趣。欢迎你阅读他们的回答,并在对比中收获各种见解。

克里斯·安克森(Chris Ackerson)

克里斯·安克森是英国 AlphaSense 公司的搜索与人工智能产品部门的负责人,他的团队采用机器学习和自然语言处理领域的最新发明,帮助投资专家和其他知识工作者应对他们在发现信息过程中面临的挑战。加入 AlphaSense 公司之前,克里斯曾任职于 IBM Watson 的产品部门和工程部门,在那里他成功地领导了人工智能早期商业化的尝试。克里斯现居住在纽约市。

| 人工智能：商业应用路线图

1. 你在人工智能以及人与人工智能互动的方面都有丰富的经验，有哪些观点或诀窍希望与我们分享吗？

人工智能开发是一种全新的、不同于以往的软件开发形式，需要新的工具、流程以及工作角色。建立一个有效的人工智能开发组织需要在上述各个领域有所投入。我的经验就是，团队经常过分关注算法设计和架构，但其代价却是无法建立一个高效的人工智能开发组织。这导致的结果是，随着技术的飞速发展，他们反而将自己逼退到角落当中，无法跟上发展的脚步。去查看一下排行榜的更替吧，看看人工智能任务中哪些性能是最先进的，你就明白我的意思了。算法设计显然是人工智能的核心，但是团队也应当定期移除并更替算法。虽然每个项目各有不同，但是有一条黄金准则是通用的：优先考虑开放源代码，但对那些承诺提供超凡性能的黑盒应用程序编程接口（black-box API）保持警惕；有些系统定期训练和部署全新的模型架构无需花费较高的费用，你可以将大部分资源投入这种系统当中。

2. 你在应用人工智能时所遇到的最大挑战是什么？

数据收集依然是人工智能的广泛应用所面临的最大障碍。最先进的深度学习模型要想做出准确的预测，需要海量的干净数据（clean data）。例如，大名鼎鼎的谷歌BERT模型主要应用于自然语言处理领域，它训练时所用到的语料库包含数十亿单词；训练自动驾驶的人工智能系统需要数百万小时的真实驾驶以及模拟驾驶；我们在AlphaSense所开发的情感分析算法也学习过成千上万个公司财报电话会议。你首先应该回答的问题就是，自己的人工智能项目有使用上述这些类型的数据集的权限吗？即使你能够获得数据，开发工具和流程以及清理数据并进行标注所需的劳动又是更大的挑战。虽然在过去的十年间，研究团体取得了巨大的进步，极大地提升了人工智能系统的原始预测能力，但想要建立稳健的数据集来充分利用算法的强大动力，依然面临着一些实际挑战，正因如此，人工智能的商业应用还很落后。

3. 你认为人工智能在接下来的五年中将会取得怎样的进步？

在接下来的五年中，我认为我们将会解决在某一狭小的领域内普及人工智能模型的问题。这听起来好像很矛盾，但时至今日，绝大多数成功的人工智能项目都是在为一个单一的预测目标开发模型，这便是狭义的"狭隘人工智能（narrow AI）"。比方说你想建立一个人工智能系统来监控社交媒体，获取可以进行股票交易的信号，那么今天你就需要训练独立的模型进行情感分析、实体识别、主题提取等与项目相关的分类任务。IBM公司开发其肿瘤学技术时，投入了大量资源来为每一种癌症开发独立的模型，但每一种新的目标癌症之间几乎没有规模效应。这在实际中的影响就是，由于现实世界中的问题往往涉及许多不同目标，因而解决这些问题的成本十分高昂。我们从直觉上可能认为，所有这些监控社交媒体的任务都是高度相关的，正如人类对一条推特的情感解读对提取关键主题十分重要，反之亦然。在人工智能社区中，迁移学习是个投资很密集的领域，它指的是将从一个任务中所学到的知识分享到相关任务当中。谷歌的BERT模型跨出了很重要的一步，因为该模型使用海量未添加标签的文本，进行无监督预训练，随后通过监督具体的任务（如情感分析等）进行微调。拥有能够解决众多目标问题的单一框架，诸如监控社交媒体，或是识别出医学影像中的异常等将会极大地提升人工智能在现实世界中的应用数量。

4. 你认为在接下来的三年中人工智能提供帮助的主要目标应该是哪些工作职能呢？

接下来的三年将由自然语言处理领域的进展所主导，就如同结构化数据分析和可视化技术已经在企业中随处可见，所有的知识工作者都将在人工智能的帮助下，从数量庞大且杂乱无章、但与其工作职能相关的文本文档中获取观点。试想一下公司策略部门的分析师，每天需要面对上万份新的调查报告、新闻报道、公司文件、管理操作，这些文件中所包含的信息对他们而言非常重要，他们借此能够为公司作出正确的投资决策。同样，参加重要会议的销售主管、可以决定公司政策的人事代表、为应用的特性排序的产品经理,他们都将受益于人工智能,因为人工智能能够及时地从浩如烟海的文本中提取出有用的观点。作为一名知识工作者,如果手下有一个分析师团队每天为你准备好材料,想象一下生产率将有多大的飞跃。或者再试想一下,要是给你的团队成员每人再配一个团队呢。结果就是这将极大地提升集体的智慧,让所有行业都能更好地进行决策。

5. 有关人工智能的应用,你还有其他的看法吗?

人工智能项目失败的最常见原因,往往是团队低估了伟大的产品设计的重要性。人工智能太神秘了,让大家都认为算法才是重中之重。这种想法在企业内部应用领域尤其普遍。事实却是,伟大的产品设计不仅对传统软件应用程序重要,对于人工智能产品同样重要。比如在谷歌搜索中,每一个链接、特性、搜索结果框(answer box)的位置和架构都经过一丝不苟的精心设计,旨在提高用户获取信息的速度。这些年中,谷歌一直在缓慢、审慎地向前发展,希望在不影响用户体验的前提下,人工智能能够为数十亿查询请求提供更好的搜索结果页面。如果希望人工智能充分发挥潜能,并在软件应用程序中得到普及,那么公司所雇用和培养的人才,如产品经理、工程师、设计师等,都应当能够理解人工智能的能力与局限,并将投资用于创造更好的用户体验,而不是花费在选择技术上。

杰夫·布拉德福特(Jeff Bradford)

杰夫·布拉德福特是布拉德福特科技公司(Bradford Technologies)的创始人兼CEO,也是一位房地产评估软件的开发者。他在为评估师提供创新的软件解决方案方面拥有31年的经验,是公认的计算机技术与分析领域的专家。他曾获评抵押风险网络组织(Collateral Risk Network)的"评估愿景家（Valuation Visionary）"、以及抵押贷款银行家协会（Mortgage Bankers Association）的"技术全明星（Tech All Star）"称号。尤其引人瞩目的是，在创立布拉德福特科技公司之前，杰夫曾在苹果电脑公司、结构动力研究公司（Structural Dynamics Research）和FMC中央工程实验室（FMC Central Engineering Labs）工作过。他拥有机械工程、计算机科学和商业管理三个专业的硕士学位。

1. 你在为人工智能系统汇总数据方面有哪些经验可以分享？对于构建初始原型这一需求，你持怎样的看法呢？

如果你是第一次使用，或者正计划使用人工智能或深度学习技术，当然最好从原型实例着手。这样比较简单。这个阶段不适合反复尝试，或是在摸索中学习。如果你想花最少的钱、用最快的速度了解这一技术是否可用，那么就选一家在人工智能领域经验丰富的咨询公司吧。请他们来评估一下你的训练数据：数据足够好吗？需要进行修改么？你计划使用哪一种人工智能模型？哪一种模型最适合你的应用程序？让咨询公司帮你进行一些测试。如果结果看起来前景不错，就可以做出相应的战略决策，将人工智能系统纳入产品和服务当中。

2. 你在应用人工智能时所面临的最大挑战是什么？

最大的挑战是训练数据——选择数据并按照训练模型所需要的架构对数据进行重组。数据的好坏直接关乎模型运行结果，所以数据的数量和质量都要有所保障，这对人工智能模型的成果至关重要。

3. 你认为人工智能领域在接下来的五年中将会取得怎样的进步？

我认为在接下来的五年中，模型将能够组合起来形成非常全面的系统，从很多方面改善工作环境以及每个人的生活方式。人工智能应该会进步到这样一个水平。每个人都可能拥有个人的虚拟伙伴或是虚拟工作助手。

4. 你认为在接下来的三年中人工智能提供帮助的主要目标应该是哪些工作职能呢？

任何有关沟通、数据，或是进行推荐的功能都将实现自动化，或者在虚拟助手的帮助下得到增强。这些将是人工智能系统面向的目标领域。

5. 有关人工智能的应用，你还有其他看法吗？

每个人都应当了解人工智能，了解其潜力以及缺陷。人工智能必将进入每个人的生活，而不是远离我们的生活。它可以用来改善我们的生活和工作体验。我们应当学习如何使用人工智能让我们过得更好。

纳森·S. 罗宾逊（Nathan S. Robinson）

纳森·S.罗宾逊出生于美国俄亥俄州，在中国长大，在俄克拉荷马州上学，后移居德克萨斯州首府奥斯汀。他的第一份工作在IBM Watson 的产品管理和人工智能部门，现任巴比伦健康公司（Babylon Health）的产品经理。巴比伦健康公司通过采用人工智能等技术，致力于为所有人提供既可以获得、也能负担得起的健康服务，处于该行业的领先地位。加入巴比伦之前，纳森曾在凯勒威廉姆斯公司（Keller Williams）的产品管理部门工作，在那里他是克勒（Kelle）技术的拥有者。克勒结合了虚拟助手和移动应用程序，为房地产经纪人提供帮助。

1. 根据你在公司里使用人工智能的经验，人工智能有哪些关键的好处呢？

在组织里应用人工智能有许多好处，它能协助自动处理简单重复的工作，解放团队成员，让他们有更多时间关注更高价值的、以人为本的任务。

人工智能也可以用于处理和理解数据的巨大价值，洞悉那些正常情况下难以发现的观点。

2. 你在应用人工智能时所遇到的最大挑战是什么？

让组织与最终用户的期望都更加贴近现实。人工智能非常强大，拥有巨大价值，但是让最终用户以及内部组织拥有良好体验的关键在于为他们设立合理的期待。

每个人都有数据，但并不是每个人的数据都是马上能够投入使用的好数据。寻找、清理、规范、准备数据，这些往往是组织中大部分人工智能概念论证的主要内容。

3. 你认为人工智能在接下来的五年中将取得怎样的进步？

毫无疑问，随着更好的数据集的出现、模型的调整、训练方法的改进等，现有的技术将会不断进步。

量子计算等技术的出现也会提升处理速度，进而推动发展。

这个领域也可能会出现新的发明，带领我们"大跨步"向前发展。比如结合运用各种技术，同时将多种形式的输入作为训练数据，从输出中获得"1+1=3"的价值。试想一下，同时使用音频和视频输入来训练模型，或者找到其他从头开始训练模型的新方法（而并非仅是改进现有方法）。

4. 你认为在接下来三年中人工智能提供帮助的主要目标应该是哪些工作职能呢？

有关这个问题，我没有太新的观点。那些重复性的、无须创新的工作，以及不用特别的方式就能解决的问题可能面临着被自动化取代的风险。但人工智能不仅仅是用于替换，它将更普遍地用来帮助人类更好地完成工作。并不是用人工智能直接取代人类，更有可能发生的是，人工智能将赋予更少的人以更强大的能力，让他们拥有更高的生产效率。

5. 有关人工智能的应用，你还有其他看法吗？

在一家公司成功应用和实施人工智能的过程中，文化以及人的体验十分关键。公司的文化不仅影响到该公司能否成功利用人工智能，也决定着他们从人工智能中获取价值的速度。既要为人工智能的最终用户设立期望，也要为自己的组织设立期望，不断构建、不断投入，这些在组织的长期人工智能战略中都至关重要。

伊芙琳·杜斯特瓦尔德（Evelyn Duesterwald）

伊芙琳·杜斯特瓦尔德博士是IBM人工智能研究院（IBM Research AI）的首席研究员，担任人工智能生命周期加速团队的负责人。她拥有计算机科学专业的博士学位，十分关注人工智能工程以及人工智能生命周期。杜斯特瓦尔德博士当前的关注点是如何保护人工智能模型和人工智能操作。她的研究重点横跨多个学科，结合了人工智能、安全工程以及软件工程。

1. 根据你在人工智能安全领域的经验，有哪些在你看来是有效的见解或者是窍门吗？

人工智能安全问题一般并非指非法侵入或者是破坏掉系统。一些与公开的人工智能接口（如应用程序接口 API）看似无害的互动，都有可能威胁到人工智能系统的安全。对手可能故意制造一些输入，来迫使模型做出某种特定的回应（这种叫作对抗性输入），也可能毒害底层模型学习所用的数据。例如，在语音识别系统中，你只需要在语音记录（如"嗨，你好吗"）里增加一点难以察觉的对抗性噪声，就能给语音模型造成严重的、有针对性的错误分类（如模型会听成"点个比萨"）。

我们要面对人工智能的恶意用户可能造成的后果，因此我们需要全面加强模型的安全，训练模型的鲁棒性，这样才能抵挡得住这些对抗性破坏的影响。训练模型的鲁棒性是一个非常热门的研究领域，规模较大的人工智能研究社群一直在研发各种新型方法，我们IBM人工智能研究院的团队也在做这方面的努力。

2. 你在应用人工智能时所遇到的最大挑战是什么？

自动化和流程标准化都极度缺乏，这在人工智能生命周期中非常普遍。大家都在用自己的方式训练自己的模型，既没有追责机制，也没有可重复利用的流程。现在亟须将现代软件工程领域的严谨性引入人工智能领域，甚至连系统化版本管理这种最基本的工程概念都经常缺失。

3. 你认为人工智能领域在接下来的五年中将取得怎样的进步？

我们需要推动人工智能从一种艺术向一门工程学科转变。在人工智能所能做到的事情当中，特别是在语音识别和图像识别领域，近年来所取得的很多重大改进都是通过深度学习实现的。但深度学习也是人工智能与艺术最相近的地方之一，这一点严重影响了其应用。如果我们不能从根本上理解一个人工智能系统，也就无法信任它。所以我期待着在未来，人工智能所取得的最具影响力的进步是可解释性（interpretability）和"可解读性（explainability）"的进一步提升。

4. 你认为在接下来三年中人工智能提供帮助的主要目标应该是哪些工作职能呢？

我们已经开始看到有人在推动将人工智能本身作为人工智能提供帮助的对象，换句话说，就是推动由人工智能辅助的人工智能（AI-assisted AI）。例如，有团队正在研究基于人工智能的新型工具，这种工具将帮助数据科学家处理他们的数据、提取相关特征、训练测试模型等，进而建立人工智能系统。想象一下，你可以和人工智能助手说："嘿！我这有客户评价的数据流，给我建一个模型，告诉我客户们都在讨论些什么。"

5. 有关人工智能的应用，你还有其他看法吗？

人工智能在提供辅助领域取得的巨大进展有目共睹——无论是家用私人助手，还是办公室里的专业助理，但在将人工智能应用于具有更高自主性的决策角色方面还很落后。自动驾驶汽车就是个特别好的例子。现在我们在试验阶段的进展比想象中更慢。要让自主的人工智能成为现实，首先需要解决前面提及的各种应用上的困难。我们需要人工智能工程实践的生产率更高，也需要有鲁棒性的保证和安全保证，而这些需要可解读性更强、更值得信任的人工智能系统实现。人工智能领域的进步飞快，令人难以置信。毫无疑问，我们会实现目标，我们踏上的旅程十分激动人心！

吉尔·奈修（Jill Nephew）

吉尔·奈修是互动平台Inqwire，PBC的CEO兼创始人，该平台的目标是帮助人们构建生活的意义。无论是科学建模、软件语言、工具建构，还是特定领域的人工智能系统和智能增强（IA）系统，吉尔总能找到全新的方法来利用科技，以帮助人们更好地思考。

1. 你在为人工智能系统汇总数据方面有哪些经验可以分享？对于构建初始原型这一需求，你持怎样的看法呢？

在20世纪90年代，我的工作内容是供应链规划和调度求解器。我们尝试了一种类似于今天的人工神经网络的方法，这种方法能够迭代、能够进行爬山算法、能够随机选择起始状态，它是一种黑盒算法，其设计初衷是希望最终得出一个全局最优解。当时我们广泛推广了这种算法，因为我们能够说明所制造的是一种更加客观的解决方案。然而，未曾预想到的是结果也需要具有"可解读性"。

使用软件的调度员和规划师们大都不是自己做出购买决策,他们同样没有机会来权衡考虑算法的黑盒特质。所以当他们尝试使用这个软件的时候,抱有的期待是,一旦软件给出了看起来无法理解的答案,就应该将其作为错误汇报,我们则应当去修复这个错误。然而这既然是一种黑盒算法,大部分情况下都没有办法可以修复,他们就觉得这无法接受。我们为实际的工作者提供决策支持,但需要为所做出的决策负责任的是他们自己,这就意味着他们从一开始就对采用我们的求解器很抵制,这一点令我们始料未及。

如果系统能够提供完美的结果,或者提供的是即便无法解读却显而易见的正确答案,那我们可以让组织从上到下都认同以下观点:由算法做出的决策可以被不加质疑地接受。这样一来,压力也许会有所缓解。但对于我们的系统而言,我们无法做到,我也怀疑是否有系统能做到。因为当人类检查机器的想法的时候,他们虽然不会明说,但是很容易抱有这样的想法:如果你说这个系统是智能的,那么它就有理智,它所做出的决定也应讲得通。然而组织完全不支持我们去反驳这种期待。

当我们接到任务,要求修复算法,使其结果符合常识、可供解读的时候,事情同时在向好和坏两个方向发展。我们建立了一个基于限制的求解器,完成了这一任务。但这一方法上的改动无法适用于核心求解器,于是我们在顶层另建了一层来应用这个求解器。运行基于限制的求解器可视作进入某种清理阶段,而全局优化解决方案相当于它的起始条件。我们经历了很久才"理清楚"核心算法出错的地方,但是我们发现,要取消系统远在上游所做出的决策是一项非常巨大的挑战。接下来发生的事情才真的让我们恍然大悟。

这个新的清理阶段部署完成后,用户非常喜爱,要求我们为他们提供一种能够跳过全局优化、作为起始解决方案的方法,只保留基于限制的系统所生成的解决方案。简言之,他们想要一个采用最陡下降算法(steepest descent)、能够被解读的求解器。尽管我们能够证明最终的解决方案并非最优解决方案,但我们还是将这种方案交给了用户,而且相较于另一种方案,这种方案得到了用户的广泛喜爱。

这里的重点在于,当想要的是目标函数和全局优化的时候,试图建立一个只能提供次优解决方案的模型看起来很荒谬。但是当人类需要为系统做出的决策负责时,胜出的恰恰是更容易解读的次优解决方案。

我认为我们现在所生活的时代对于算法的见解十分有趣。市场上的用户刚刚学会提出一些比较难以解答的问题,比如有关责任和"可解读性"的问题,如果实施黑盒解决方案的那一方无法解答这两个问题,就应该将备份计划准备周全。此外,还需要确认软件的实际用户(并不一定是那些签订购买协议的人)能够理解采用黑盒算法做决定所带来的影响,这点非常重要,可以避免在提供支持的时候陷入泥潭。

2. 你在应用人工智能时所遇到的最大挑战是什么?

黑盒算法。无论我们将算法的特质解释得多么透彻,也无论我们多少次说明无法仅仅通过"重新编程"对其进行修复,用户们仍然期待它用起来能够和他们用过的所有其他软件系统一样。这个解决方案面临着一个很明显的常识问题,因此这个系统需要被修复。我们还没有找到一种方式来扭转用户的这种期待,这使我们团队最终决定放弃黑盒算法。

3. 你认为人工智能在接下来的五年中将取得怎样的进步?

我的预期在很大程度上受到过去经历的影响,可能完全无法反映出世界实际发展的方向。但如果一定要我做这个思维实验的话,我愿意这样设想:现在的全局优化是建立在"可解读性"的代价上,随着市场越来越了解这一点,我们将会放弃所有采用黑盒算法的人工智能系统,转而使用那些没有采用该算法的系统。

在我看来,纯粹的数据解决方案实际上能提供哪些内容,我们在这方面也将面临一场真正的危机。现在还有很多人坚信,我们正在积累足够多的数据来克服第一性原理(first-principle)的局限,例如世界上所生成的数据大部分是稀疏的、动态的,虽在不断进化,但并不规范。我们几乎不了解将进程模型并入人工智能系统有何价值。

我觉得我们还可以继续梦想采用新的方式来利用基于认知的技术，去攻克棘手的难题。假使现在这一领域让系统不再执着于优化，而是转而去开始并入进程模型和模拟仿真的话，机会还是有的。如果我们能够掌握方向，我会这样预测：有一些人工智能专家既知道如何同领域内的专家进行亲密合作，又了解建模，在他们的努力下，市场的兴趣将转移到认知技术领域；与此同时，他们也将拿到预算，建立很多全新的、充满创意的系统和解决方案。

4. 你认为在接下来三年中人工智能提供帮助的主要目标应该是哪些工作职能呢？

既然谈的是"主要目标"，我想应该是有需求的方面，而不是另一个商业模型。人们曾经认为在一些领域中并不存在模型，特别是在人类生命支持系统当中，而我认为这正是人工智能可以解决的主要需求：在这样的领域中寻找模型。对自然环境的监控也还没有固定下来。科学家们依然需要保持警惕，关注事物的变化。现在我们还没有能实现这一点的方式，很多现象只是偶然间发现，比如臭氧层空洞。

当前用来监控臭氧层的软件并未预料到空洞的出现，为算法编程的科学家们也没想到可能会出现空洞，这并不在他们对平流层的理解范围内，因此当他们对监控算法进行编程的时候，离群数据并不会被慎重地上报，而是将被视为系统错误而丢弃。我们很多年后才发现对这些数据的忽略，但幸运的是这一点最终还是被发现了。臭氧层空洞形成的机制非常复杂，许多科学家花了数年才弄清楚，它是由喷雾罐中的压缩气体造成的。重点在于，在我们持续不断地保护人类的生命支持系统的过程中，监控以及对异常现象的认真上报都非常重要。我们需要更多此类系统，我也希望有一天，信息技术专家和科学家能够倾力合作，找到合适的方法，来说服政策制定者相信这一点。

5. 有关人工智能的应用，你还有其他看法吗？

我有一些最近刚开始热衷于人工智能的朋友，和他们聊天的时候，

| 人工智能：商业应用路线图

我经常能听到一种错误的想法，那就是如果我们拥有了无限的数据，我们就能够拥有完美的知识。这种假设听起来就像一种常识，经常被认为是不言而喻的。任何人，只要是学习过物质世界的本质、反馈机制、混沌的概念、量子力学、数值分析、反事实信息的本质，或是了解过纯数据无法重建机制，哪怕仅仅是仔细思考过"怎样才能收集完美的知识"其中的含义和影响，就都会知道这种想法是不正确的。在讨论采用人工智能项目的时候，如果一开始就发现对方抱有上述想法，那么在这一问题上和他们正面交锋可能会影响销售，但最终会使用户对项目结果抱有更符合现实的期待，也就意味着长期的成功。

拉胡尔·阿科尔卡（Rahul Akolkar）

拉胡尔·阿科尔卡是 IBM 公司数据科学与人工智能部门的全球技术销售总监，过去几年中曾参与一些大型的人工智能系统的实施，并在四大洲都建立过人工智能交付团队。拉胡尔此前在 IBM 研究院和西门子中国研究院的不同工作岗位上任职过，对开源项目和 W3C 标准都有所贡献，还曾撰写多份研究报告、发明许多授权专利产品。他同时拥有明尼苏达大学的计算机科学和机械工程两个专业的研究生学历。

1. 你在人工智能以及人与人工智能互动的方面都有丰富的经验，有哪些见解或诀窍希望与我们分享吗？

在人工智能的创建和发展的各个方面，我都有很多具体的经验，但是谈及见解，我只有一条能提供，希望得到大家关注，那就是要减少人工智能交互与其他各方行动者（无论是人还是流程）之间的摩擦。现今时代，我们发现人工智能在生活中好像无处不在，也许是我们手机中的助手，也许是家里的设备，其中的一些可能是我们感到挫败的根源。有些人工智能系统要么看起来好像无所不知,要么无法提供良好的用户体验,随着时间的推移,它们最终都将被闲置于架子上。那些人们希望与其进行互动的人工智能,能够在正确的情境下为我们提供帮助的人工智能,能够使用正确的模式、持续地提供信息与价值、按照需求进入或退出体验的人工智能,才是我们所需要的。

想要消除体验中的这些摩擦,应围绕有关人工智能的一些常见概念提出解决方案,比如信任、透明度、可审核性、道德行为等。在医药、保险、犯罪防治、投资、信息技术安全和物理安全等领域,与人工智能互动的用户越来越多地提出一个要求:无论是对于他们自身,还是对于监管机构、审核人员或是监察人员,人工智能都不能继续像魔法一般地存在了。由于在这些领域当中,人工智能所提供的输入正影响着越来越重要的决策,所以他们提出这样的要求也是合乎情理的。

2. 你在应用人工智能时所遇到的最大挑战是什么?

规划好组织采用人工智能的路径,与此同时提供恰当的组织治理模型和技术治理模型,并在短期内开始交付增量价值,这些都十分重要。对于客户互动和广义上的推荐系统等组件而言,它们当然能够被迅速地投入生产,然而诸如高深莫测的专业知识和用晦涩难懂的内行术语进行互动等其他领域,却往往需要分阶段实施。我发现在采用人工智能的过程中,有两种谬见很常见:第一种是"不成功便成仁",持有这种心态的人奔着终极大奖而去,试图一次赢下全局,并不在乎过程中一点一滴的收获;另一种是"一劳永逸",现在市面上有非常多的数据科学和人工智能的平台和工具,想要快速实现价值轻而易举,但若因此就举杯庆祝成功,其实为时过早。重点在于了解那些通过采用人工智能来持续提供价值的原则,否则,哪怕系统发布很成功,用户体验也将很快退化到不甚理想的水平。

那些通过人工智能获得了最佳商业价值的客户采取的方法恰当,在组织内建立的文化也适合人工智能的应用。人工智能与大多数传统软件和系统的不同之处在于,它需要近乎持续不断的关照和源源不断的数据,因为人工智能试图在不断变化的环境中提供价值，并不断地适应真实世界的改变和它所在环境的改变（比如说重新训练模型，或者是为全局方案增添一个新组件）。那么有人就会想了，既然如此，何必费力采用人工智能呢？就像是制表设备和程序计算设备现在已经不可或缺一样，世界对科技的期待也在不断提升，希望从中收获更多。在人工智能的帮助下，我们将拥有大量此前难以想象的体验，而有效利用这些体验的人们，将征服受众和客户。

3. 你认为人工智能在接下来的五年中将取得怎样的进步？

在分类和结构化预测领域，以及在神经网络和深度学习技术方面，人工智能的透明度所取得的进展有目共睹。在"可解读性"以及检测偏见等领域，操作执行时间已经成熟，所需工具也已经就位，发展即将到来。有了虚拟数据管道（virtual data pipeline）和各种来源的分布式检索（distributed querying）对人工智能的支持，我们将实现与数据的更好的互动。另一个已经取得了一些进展的领域是使用人工智能技术来设计人工智能，例如，超参数搜索空间的无队列（trainless）的预测、神经网络架构选择、能够阐明取得新突破的前沿领域的二阶函数等。现在我们已经看到了这一领域的冰山一角，我认为未来它将加速前进。此外，进步还将体现在创造引人注目的人工智能接口上，这些新创造的接口在会话代理、视频以及语音服务等方面的精密度更高，因此效果也会更好，可扩展性更强（有些人不得不对手机或者家里的设备无数次重复同一句话，这种新型接口将很受他们欢迎）。最后一点，也是对人工智能的创建者们具有现实意义的一点就是，有了 AI Fabrics 网络架构，以及随着 AIOps（用于 IT 运营平台的人工智能）技术的成熟，对于开放平台和端到端治理的重视程度将不断提高，其实践与 DevOps 和 DevSecOps 中的同类实践类似。

4. 你认为在接下来三年中人工智能提供帮助的主要目标应该是哪些工作职能呢？

基于数据收集和调取的工作职能应当是人工智能提供帮助的主要目

标。第一个领域是在恰当的场景下提供专业的帮助以及覆盖各种广阔领域的信息；另一个领域则是预测模型，它们能够为人类主题专家建言献策，供其做出重要决定。其他的大类别还有很多，但本质上而言，任何需要客户参与或是深入学习、一点一滴地积累专业知识的工作职能都是很好的目标。这也使得我们在谈论到人工智能和工作的时候，多少会感到有些不安，但是我并不认为它和工业革命有很大差异。工业革命的时候，无论是在商店，还是在农场，机器都取代了人工，承担起了很多工作职责。总结来说，我认为人工智能将会有助于人类提高生产效率，做出更好的、更明智的决定，并使人类更加专注于那些人工智能无法轻松胜任的、并不单调乏味的工作。

5. 有关人工智能的应用，你还有其他看法吗？

人工智能将继续存在于我们的生活当中，它正在进行颠覆性的创新，并将以更快的速度继续发展。各家组织在未来都有必要探索在组织内应用人工智能的方式，任何人只要想更多地了解人工智能，也都有海量的知识可以获得。

史蒂夫·弗洛里斯（Steven Flores）

史蒂夫·弗洛里斯是美国加州圣何塞市 Comp Three 公司的一名人工智能工程师。他在最先进的人工智能方法以及机器学习的帮助下，为客户提供新型的商业解决方案。2012 年，史蒂夫获得了密歇根大学的应用数学博士学位，2017 年，他在赫尔辛基大学（the University of Helsinki）和阿尔托大学（Aalto University）完成了数理物理学的博士后研究。

1. 根据你在人工智能领域的丰富经验，有哪些在你看来是有效的见解或者窍门吗？

大多数描写人工智能的学术文献和流行文学都描绘了一幅理想的画卷，这可能会导致对其实践的一些误解。那些引人瞩目，甚至是神乎其神的结果背后都存在局限，而在那之前，失败的想法更是可以列出一个长长的清单。其实当真正使用人工智能的时候，想要取得突破要花费很长的时间，需要不断地对模型进行重新设计、调试，训练的时候多加看管，进行测试，模型也经常会被丢弃，人们还可能会在动机依然模糊不清、甚至不尽如人意的时候，就决定开启这一系列操作。好的结果来之不易，往往经过了数月甚至几年的努力。这些模型在创造出来后很少能够立即投入使用。

正是由于这种现实，人工智能的从业人员想要取得成功，必须要参与到更大的人工智能社群当中。他们需要阅读研究文献、参加讲座、与专家探讨问题，并且还要听专家谈论他们的问题。他们必须要将从专家的知识和经验中提炼出的想法应用到自己问题的解决上，因为解决方法往往无法从课本中寻得。只有做到这些，才能在人工智能这一前沿领域中进步更快。

2. 你在应用人工智能时所遇到的最大挑战是什么？

我自己遇见的最大挑战是如何恰当地划定打算用人工智能解决的问题，以及如何判定成功。这并不容易，因为我们在真实生活中所遇见的问题都是模糊的、定性的，而我们用人工智能能够解决的问题却是精确的、定量的。在这两种世界之间相互转换的挑战性很大。

人工智能另一个具有挑战性的方面在于，它看起来像是一大堆数学方法和模型，而不是一种统一的理论。人工智能的从业者往往希望找出最佳的方法并予以采用，但关于一种方法可以被评为最佳的理由，他们也许并不理解。我想在这种环境下，想要做出明智的战略和设计决策都非常困难。

3. 你认为人工智能领域在接下来的五年中将取得怎样的进步？

最近人工智能在许多领域都取得了突破，强化学习便是其中之一，最著名的例子就是在中国传统围棋项目上表现出了超越人类的能力。尽管有了这些令人瞩目的成就，但其背后的解决方案往往只服务于原始问题，难以推广应用。在未来的数年中，这一领域将继续取得更多进步，为行业带来巨大的影响。

4. 你认为在接下来三年中人工智能提供帮助的主要目标应该是哪些工作职能呢？

人工智能将越来越多地影响到许多领域的劳动力。想要预测未来，让我们先来看看今天正在发生的例子吧。

在媒体行业，人工智能帮助记者调研并处理数据，在某些情况下，甚至帮助他们创作。这就给了记者更多时间，可以转而投身于一些没那么单调、更加细腻的工作当中，这些工作是人工智能无法应对的。

在服务行业，客服中心接到的端到端的常见问题可以由聊天机器人来解决，它们再将更加复杂的事项交给恰当的人类工作人员处理。

在医药行业，人工智能被用于诊断学，比如发现肿瘤、对诊疗记录进行数据挖掘等。

在遗传研究领域，在人工智能的帮助下，我们极大地提高了对人类基因组的认识。未来取得的成果可能包括根除遗传性疾病，以及让人们认识到，选择更为健康的生活方式才能获得特定的基因指纹。

计算机视觉在各行各业都得到了广泛应用。如今，计算机能够阅读手写文字，检测到硅片上的纳米级瑕疵，并为司机提供安全驾驶辅助。

在所有这些例子当中，人类使用人工智能寻找复杂数据背后所隐藏的模式，并在此基础上做出更好的决策，使得人类的能力得以提高。人工智能还可以处理更多常见的、客观的任务，从而将人才解放出来，让他们投身于更富创造性或主观能动性更强的工作当中。

5. 有关人工智能的应用，你还有其他看法吗？

眼下，人工智能广泛融入生活，我们是第一代过上这种生活的人类。现阶段的人工智能有着巨大的应用潜力，远远超乎它们当前的表现，所以人工智能还有巨大的创新空间。未来人工智能将取得更多突破，可实现的领域范围将会进一步扩展，可能是基于大数据的复杂模型所做出的简单决策，也或者是更加智能、更加人性化的应用：比如用更少的数据、更简单的方法，做出更复杂的决策。

附录 B

路线图行动清单

第 1 步：构思

——首先在你的组织建立创新文化。一旦创新文化建立起来，想法就会在最意想不到的地方出现。
——成立由高层管理者组成的核心创新小组，因为这些人拥有进行彻底变革的权力。
——开始维护想法库。
——通过仔细检查标准操作程序、流程价值分析和访谈来收集创意。
——使用定义良好的标准对想法库进行分类和筛选。
——及时进行审查以修正、提炼和实施想法。
——了解现有的人工智能技术以获得对其能力的真正感知。
——将想法库应用到人工智能模型中以找到适合实施人工智能的那些想法。

第 2 步：定义项目

——确定要实施的想法。
——为你要构建的系统确定所有可能的利益相关者。

——选择合适的方法制订项目计划（设计思维、系统思维、情景规划等）。

——运用设计思维（如果适用的话）创建将使用你的系统的人物角色。

——定义可衡量的用户故事并对其进行优先级排序，这些故事经过实施将提供用户价值。

——为整个项目建立成功标准。

——最终确定项目计划并开始制作原型。

第3步：数据管护与治理

——确定可用于训练系统的内部和外部数据集。

——若数据当前不容易访问，让数据科学家执行数据整合活动。

——了解适用于你的组织的数据保护法律并加以实施。

——任命一个数据治理委员会来监督与数据治理相关的活动，以确保你的组织保持在正确的轨道上。

——为组织的数据活动制订数据治理计划。

——为你的组织如何使用访问的数据创建并发布数据隐私政策。

——建立一些数据安全保护措施，如使用数据加密、为员工提供安全培训，以及与"白帽子"（white-hat）安全公司建立关系。

第4步：原型制作

——在靠前的用户故事中选择可行的、将要实施的用户故事作为你的原型。

——确定市场上是否存在可用于节省时间和资源的解决方案。

——确定你的组织中是否有合适的人才，或者是否需要通过签约资源来补充。

——设计原型并使用技术选择过程来确定如何构建原型。

——使用敏捷方法，通过利益相关者定期的反馈，迭代地构建原型。

第 5 步：生产

——重新评估用户故事，确保各用户故事相关联。
——建立带有自动化测试的持续集成管道，确保系统质量。
——需要时可以让人工介入系统。
——对系统进行负载测试，确保系统及其组件可扩展。
——若系统部署在云端，请检查服务级别协议，并确保所签订的协议足够用于实现用户故事。
——向用户发布活动（live）的生产系统，并开启反馈生命周期流程。

随着人工智能生命周期实现蓬勃发展

——建立表单或提供其他方式，方便用户提供反馈。
——除非反馈不可行，否则请基于收到的用户反馈采取行动。
——创建知识库，促进协作。
——创建模型库，推动组织内人工智能模型的再次利用。
——讨论代码库中可对公众开放的代码片段。
——组建数据改进计划委员会，定期召开会议，确定新的数据源，探讨利用现有数据的更好方式。
——定期审核个人数据的存储和使用，确保管理的万无一失和信息透明。

附录 C

要避开的隐患

第 1 步：构思

隐患1：狭隘的关注

人工智能是一个应用广泛的新兴领域。尽管尝试用人工智能解决所有问题并不是正确的做法，但是仍应该留意探索新的潜在的应用途径，并确保你的关注点不会太狭窄。在构思阶段，要尽可能地开阔思路。例如，要考虑人工智能可能会如何改进你的核心业务以及像会计这样的辅助职能。与此同时，要认识到现实世界中的应用程序存在局限性，这将有助于产生想法。得益于大量创造性的输入，一些人工智能应用程序也可以做到相对抽象。所有被认为是合理的想法，即使是那些不确定在未来什么时候会实施的想法，都应该包括在想法库中。

隐患2：流程极端化

人们很容易被仪式冲昏头脑，致使行动偏离于产生新想法这一终极目标。有些仪式极为重要，比如定期举行会议和讨论，它们可以让人们自由地表达自己的观点。然而，除了这些基本的必要仪式之外，应该把重点放在产生想法和探索创造力上，而不是陷入整个流程。流程永远不应该偏离创造新想法这一主要目标。

隐患3：关注项目而不是文化

对于组织来说，应该着眼于创建一种创新和创造性的文化，而不是为当前的项目产生想法。创新文化将比任何单一项目更为持久，而且随着新想法的实施，你的组织会被推向新的高度。创建这样的文化可能需要改变固守陈旧流程的思维方式，努力成为质疑和挑战所有现行做法的现代组织，无论现行做法已经持续了多久。这种文化不仅仅与实施当下的想法有关，从长远来看，还将对你的组织有更大的帮助。

隐患4：高估人工智能的能力

鉴于机器学习在当前技术领域方兴未艾，生产人工智能系统和软件的初创企业和公司比以往任何时候都要多。这就给想要在竞争中保持领先地位的企业带来巨大的压力，有时候仅靠营销宣传还不够。于是，许多公司会夸大业绩成果，极尽所能地展示其产品，尽管公然造假的事件很少发生。因此，确定今天的人工智能是否能够实现你的崇高目标或者某项技术几年后是否会过时，都是一个挑战。但这个事实不应该阻止你开启人工智能之旅，因为即使是应用简单的人工智能，也能够给你的组织带来改变。相反，要把它当作一种警醒，要认识到人工智能营销实际上与看上去可能并不总是一样。

第2步：定义项目

隐患5：没有获得利益相关者认同

人工智能解决方案往往会影响组织的各个部分。它们具有变革性质，需要来自多个小组和利益相关者的数据。作为一个整体，组织经常抵制改变，所以在项目的最早阶段，吸收每个利益相关者的输入非常重要。确保向每个相关方都清楚地解释项目的预计收益，符合每个项目的最佳利益。摆脱对变化的恐惧的唯一可能途径，就是解释为什么这种变化对利益相关者最为有益。或许系统的当前用户面临着一个有待于拟议系统解决的问题。新研究可能已经揭示了你的组织以前没有意识到的另一种收入前景。但无论改变的原因是什么，不事先咨询利益相关者，他们可能会成为项目应用的最大障碍。虽然这个隐患的影响直到第 5 步将解决方案部署到生产中才可能被觉察，但是在定义项目这一步骤中，就要对它进行处理，以免隐患变得越来越大。

避免这种情况的一种方法是召开一次包括所有可能的利益相关者的项目初始启动会议。要尽量把所有人都列入与会者名单，因为这是大家第一次正式讨论项目的会议。虽然有人可能在走廊里的谈话中听说过这个项目，但必须在某个时候正式告知他们项目的内容，并邀请他们参与项目的发展和成功。让利益相关者们成为局内人，并给出一个提意见和建议的明确的渠道，将使他们在之后的项目实施过程中树立一种主人翁意识。

隐患6：捏造或歪曲实际问题

在探索一项新技术时的一个风险是寻找你能用新技术解决的问题，而不是解决不了的问题。仅仅有了一把闪亮的新锤子并不意味着这个世界突然充满了钉子。正如我们所讨论的，解决的重点应该放在组织的痛点上。确定组织存在哪些问题，哪些机会是遥不可及的，然后制定解决方案来解决问题。如果你不听从这个建议，结果就是去修复那些没有被破坏的东西，或者解决那些根本就不存在的问题。不要试图修复没有损坏的东西；那样只会导致额外的成本和延误。牢牢把握公司的进程流将有助于你只瞄准有缺陷的领域。

隐患7：过早地构建解决方案

在制订项目计划的过程中，你可能会对当今提供人工智能功能的服务和商业技术有所了解。但仅凭这一点，就选择合作的特定供应商并不是明智之举。这是组织经常犯的错误。因为过早地选择供应商，无意中就把自己限制在该供应商提供的功能上。相反，要继续专注于开发你自己的用户故事。仔细考虑系统中的用户以及如何让他们的生活更加便利。例如，如果你知道用户在使用社交媒体，请考虑将社交媒体集成作为你工作范围的一部分。在项目定义阶段，建立这些需求将极大地简化选择供应商的过程。

过早地选择供应商所面临的另一个风险是，供应商可能会提供与你的用户无关的功能。例如，如果你发现聊天技术提供了从文本到语音的转换功能，你可能会忍不住想将其纳入项目中，并不是因为它对你的用户有帮助，而只是因为你希望你的投资会被充分利用。这可能会使你的工作变得更加复杂，而且模糊了项目的目标，并在无意中将有限的资源花费在价值最低的功能上。再次强调，在这个阶段，你的重点必须是用户和定义项目计划，而不是选择技术或合作伙伴。

隐患8：忽略定义正式的变更请求程序

变更是敏捷过程的自然组成部分。尽管变更可能是一件有益的事情，但项目也可能因为缺乏一致性而陷入困境或遇到障碍。如果项目的需求变更过于频繁，或者没有足够的理由，就会使开发人员迷惑不解，并导致项目的失败。因此，建立一个轻量级但正式的变更请求过程至关重要。每个变更都应该得到产品经理的批准，因为他们对项目负有最终的责任。产品负责人应该仔细检查和评估每个变更请求，以评估其对项目的影响。但那些没有明确说明其必要性或益处的请求应该被忽略，并且不应该将其呈交给开发人员。

隐患9：没有可衡量的成功标准

无论是大项目还是小项目，都必须评估其对组织的影响。这种评估将确定今后项目的不足之处，并提供经验教训。正如前面"项目计划的组成部分"一节中所讨论的那样，为了进行评估，需要清楚地定义项目的范围和成功标准。项目也有失败的可能性。作为一个组织，你从每次失败中汲取的经验教训，将把你与其他人区分开来。害怕失败的人可能会忽视设定实证目标来衡量他们的成功或失败。然而，尽早知道你是否偏离轨道并因此修正路线，这一点是至关重要的。敏捷是建立在快速失败、经常失败和微小失败理念的基础上的。从小的失败恢复过来更为容易，这样就可以以一种非破坏性的方式进行学习。

第3步：数据管护与治理

隐患10：数据许可不足

获得充分的数据许可是至关重要的。在系统即将启动之时，给你的用例使用未经许可的数据是使系统脱轨的最快的方法。有时候，开发人员会以探索的名义随意处理数据，说"我只是想看看这种方法是否会最先奏效"。随着时间的推移，解决方案是使用这种"临时"数据构建的，而销售和营销团队却在不知道数据许可尚未解决的情况下使用了它。因此，数据许可问题在用户进入系统之前浮出水面是人们所希望的。最坏的情况是，在数据所有者对你的组织提起法律诉讼时，你才发现出了问题。为了防止这种情况发生，进行最终的审查（或者更好的是定期的审查）必不可少，从而复查所有用于构建系统的数据。这种审查还应该包括确认第三方代码包，因为它是另一个为了探索而往往被忽略许可的领域。

隐患11：没有具有代表性的真实值

这个隐患主要与数据在训练机器学习系统中所起的作用有关。特别挑选的数据将作为系统的真实值，即将用于提供答案的知识。真实值要包含回答这些问题的必要知识。例如，如果你正在建立前面提到过的日间和夜间的图像分类器，但如果你的真实值没有任何夜间图像，那么你的模型将不可能分辨夜间图像。在这种情况下，真实值对于给定的目标用例来说并不具有代表性，它应该包括你希望识别的每一类训练数据。

隐患12：数据安全性不足

要使信息有用，必须满足三个主要条件：保密性、完整性和可访问性。然而，实践中，可访问性和完整性超过了保密性。为了确保符合法律、道德和成本效益要求，安全性不应该是事后才想到的问题，尤其是对于你的数据存储系统而言，因此，要从项目一开始就精心地设计数据存储。数据泄露会在客户当中导致重大的信任问题，代价高昂，很多公司就是因为安全保障不力而破产。客户数据要以加密格式存储，这样可以确保即使整个数据库被泄露，这些数据对黑客来说也是毫无意义的。要确认所选择的加密方法具有足够的密钥强度，并被用作行业标准，如RSA加密算法（rivest-shamir-adleman，RSA）或者高级加密标准（advanced encryption standard，AES）。密钥大小要足够长，以避免被强力破解；撰写字符时，只要超过2 048位就足够了。密钥不要与数据存储在相同的位置，否则，就算你拥有世界上最先进的加密技术也无济于事。

员工也需要接受安全最佳实践方面的培训。人类几乎是链条中最薄弱的一环。鱼叉式网络钓鱼（spear phishing）是一种对组织中的关键人员进行针对性网络钓鱼诈骗的技术。只有对员工进行充分的培训，才能抵御这种技术。重要的是，培训不仅要包括员工，还要包括你正在使用的任何签约的资源，以确保他们接受最佳安全实践的培训。培训和强化组织的经理、工程师和其他资源，就像培训和强化你的软件一样，是避免安全危害的最佳方法。

计算机安全是黑客和安全研究人员之间的竞赛。在这种情况下，取胜的另一个关键因素是尽快对一切漏洞进行修补。由专业的渗透测试人员对基础设施和服务器进行审查，将对实现组织的安全目标有很大帮助。这些专业人士拥有黑客的思维，使用与黑客相同的工具尝试入侵你的系统，并给你提供能够提高安全性的精准建议。虽然获得安全性不可能一蹴而就，但是从设计阶段一开始就迈出第一步、重视安全性是很有必要的。

隐患13：忽略用户隐私

暗设计（dark designs）是诱导用户泄露隐私的设计选择。这些设计使用户在并不理解条款的情况下，同意对方对他们的数据进行分析或存储。无论从道德还是法律上讲，都应避免暗设计。随着世界进入人工智能时代，收集和存储的数据比以往任何时候都要多，而用户同意他们的数据被记录符合所有相关各方的利益。判断你的设计选择是否合乎道德的一个快速方法是，核查对数据收集和分析回答"否"是否会给用户带来超出分析结果的惩罚。

如果使用第三方供应商进行数据分析，则必须确保数据的匿名化。这是为了减少第三方滥用数据的可能性。对于第三方供应商，有必要采取进一步的措施，如行级安全、记号化等类似的策略。如果允许第三方代表你收集数据，那么进行软件检查以确保合同条款得到遵守是非常重要的。由于脸书公司仅仅依赖剑桥分析公司（Cambridge Analytica）实践中的良好属性且假定其诚信，剑桥分析公司滥用了它的服务条款。进行软件核查确保第三方只能访问他们合同中定义的数据，会大大缩小剑桥分析公司的覆盖范围，因为这样它就无法收集参加测试者的朋友们的数据。

在精神上尊重用户的权利和隐私是一个过程。尽管成本可能很高，但考虑到现在可以收集和分析的数据量，这一点很有必要。当大量的数据被输入自动决策的人工智能系统时，有可能导致不确定的和不必要的痛苦。正因如此，有必要实施一些政策，让用户意识到他们的数据将被如何收集、如何分析，最重要的是，与谁分享。

隐患14：备份

尽管现在大多数人都明白备份的重要性，但他们常常不能执行正确的备份程序。一个好的备份计划至少应该包括以下步骤：备份数据（原始数据、分析数据等）、安全存储备份，以及定期测试备份修复。最后一步经常被遗漏，并在系统实际崩溃时引发问题。未经测试的备份无法恢复丢失的数据或者造成的错误需要大量时间来修复，因此耗费组织时间和金钱来解决这些问题。为了解决这一问题，你应该定期恢复完整备份，并确保在操作备份系统时一切运行正常。你应该在每年的预选日期执行完整的数据恢复操作，所有运行的系统都应该加载来自备份的数据。这样的模拟演习将识别潜在的工程问题，并帮助找到其他问题，使你能够在实际需要的情况下制订一个连贯可靠的修复计划。

由于云存储变得如此普遍，所以有必要记住，云只是"另一个人的电脑"，它也有可能崩溃。尽管云解决方案可以依靠规模经济和行业专家的智慧，通常比自主开发的解决方案更稳定，但它仍然存在问题。仅仅依靠云备份可能会让你的生活在短期内变得轻松，但这不是一个好的长期策略。因为云提供商可以关闭他们的系统；当你需要执行关键数据的恢复程序时，他们也可能会停机。因此，有必要做内置和外置的物理存储介质备份，还要定期测试这些物理备份，定期升级硬件，以确保在出现危机时一切都能顺利运行。

所有数据备份都要加密。这可以防止不法员工直接拷贝物理媒介或将它拿回家。有了加密备份，你就多了一份安心，你的客户也会高枕无忧，因为他们知道自己的数据是安全的。

第4步：原型制作

隐患15：花太多时间制订计划

虽然本章的大部分内容都是关于如何分解原型需求和选择技术，但是不要过多地停留在设计和计划解决方案上，这一点很重要。鉴于你即将使用敏捷的方法，并启动反馈环路，设计可能很快就会发生变化。项目刚开始的时候一定是你了解到的信息最少的时候。因此，越早开始越好，这样才能通过执行和更新设计获取知识。最终，你就能够使用这种方法更快地创造价值。

隐患16：试图过多地制作原型

开发人员在原型制作阶段经常遇到的另一个隐患是，试图实施太多而导致失败。原型应该限制范围，提供真正的价值，并且现实可行。一旦原型建成，需要有足够的时间来建造大型、复杂，甚至是计划登月的系统。然而，原型制作是你展示价值并向利益相关者证明人工智能系统值得投资的好时机。但如果原型制作因花费太长时间或者过于雄心勃勃而导致失败，将会使你的组织失去成为人工智能集成企业的机会。

继续说聊天机器人的例子，在原型制作阶段只要有几种类型的聊天交互方式就可以了。例如，如果你正在为一家连锁电影院建造聊天机器人，原型版本只处理购票流程即可，退款或优惠等应该推迟到生产阶段。这样，其他交互功能可以随后续投入进行添加，而原型只需要演示购买门票的概念和价值。

隐患17：错误的工作工具

另一个常见问题是虽然正确地识别出问题，但认为可以用现在的技术解决问题。在选择技术过程中，必须确保当前流行的技术不会影响你的判断。否则，就会产生一个不必要的、更为复杂的解决方案。最坏的情况是，你不得不在开发的中途更换核心技术。如果你的问题需要锤子才能解决，不管铲子有多棒、多新，它对工作来说都不是合适的工具。

就人工智能而言，这种情况经常发生在神经网络方面的应用上。虽然神经网络确实可以解决一大类问题，但它并不是解决所有问题的正确方法。例如，当没有大量数据时，朴素贝叶斯（naïve Bayes）可能是更好的方法。此外，如果你处于一个必须对结果予以解释的行业，神经网络（尤其是大型神经网络）就不是合适的工具，因为神经网络以不够透明而臭名昭著。它们在训练数据方面可能是准确的，但是因为其学习的特性是输入的复杂组合，所以无法对所做决定给出条理清晰的理由。

第5步：生产

隐患18：最终用户对采用技术持抗拒态度

所有新技术都很容易遭遇这种隐患，人工智能解决方案尤甚。在最终用户看来，自动化技术会让他们感到不安，因为这项技术替代的是以往他们亲历亲为的一部分工作。有用户认为，"这项技术只会妨碍我工作。"也有人觉得，"我的技术迟早会过时，会由机器人取代，到时候我就失业了。"无论采取何种形式，变革总是很困难。

另一种人工智能解决方案所特有的问题是，大多数人工智能系统都需要来自主题专家的输入，以此来为训练底层机器学习模型创建真实值。而当一个新的人工智能解决方案集成进来，受到直接影响的往往也是这些行业专家。出于多种原因考虑，人工智能解决方案应当是对行业专家的知识和能力的增强，而非直接取代他们的位置。需要谨记的是，机器学习模型只能够达到和训练它所用的真实值一样好的水平。

要想避开这个隐患，关键在于最终用户的初期参与。最终用户需要参与计划过程，从而确保他们完全理解解决方案，也能感觉到自己为最终产品做出了贡献。这甚至还意味着在构思和用例阶段邀请几位有影响力的最终用户，来动员用户、为用户群发声。（在使用之初，最终用户可能会有某种需求，而一旦开始使用解决方案，他们却意识到自己其实另有所需。）虽然早期投入并不是一种保证，但却能帮助缓解与新技术相关的一些恐惧。

隐患19：对开发团队进行微观管理

在敏捷开发的框架下，开发团队对项目技术实施的成功与否负有完全的责任，而透明度和互信度所构成的综合价值则将作为团队工作的基础。在此氛围下，若试图控制开发团队的方方面面，就称不上是谨慎的做法了。同样，为开发人员的每一次冲刺设立目标也不是好的做法。这些都会导致动力的缺乏，从而削弱敏捷开发的效果。开发团队应完全专注于项目，来自产品负责人的打扰越少越好。有些团队也会从开发团队中挑选 Scrum 经理，这是为了确保从敏捷开发中收获更多的益处。

隐患20：不具备恰当的技能

搭建机器学习系统需要很多专业技能，因此在项目开始之前，就要确保已经习得这些技能，并可以随时开工，这一点非常重要。无论指的是雇佣全职的员工，还是与承包公司建立联系，都需要尽早努力，不宜延迟。迄今为止我们提到过的必备技能包括人工智能、数据科学、软件工程、DevOps 等。招募问题也分为两个层面：一是所招聘的人员必须要拥有项目所需要的全套技能；二是你需要有充足的预算来资助他们。把这些问题都解决了之后，你在系统部署之路上应该不会再遇见其他技术上的难题了。

随着人工智能生命周期实现蓬勃发展

隐患21：认为项目实施即大功告成

有相当一部分项目经理或者企业会认为，一旦项目得以实施，便万事大吉。这种看法并不正确。项目上线之后，和其他所有事物一样，受熵的影响，如果不定期维护，会开始迅速衰退。因此，项目计划应当为开发人员留出时间，来应对实施后发现的错误，以及进行相应的改进。所分配的时间无需超过总体实施时间的 10%，但是却十分重要，关系到实施的成败。限制修复程序的范围也相当重要，这样才不会使现有的系统整体偏离主题。此外，大型项目在实施过程中也可能会发生其他的复杂情况，比如在临上线之前出现硬件故障等，这些复杂情况也需要进行妥善管理。

隐患22：忽略用户反馈

系统实施后，用户反馈的收集与分析也十分重要。忽略用户反馈将会使得大部分项目最终走向失败。而用户们一旦感觉自己的意见无人倾听，可能将无法充分利用软件所带来的全部好处，更有甚者可能完全拒绝使用该软件。你不愿就此做出改变也情有可原，因为面对用户反馈唯一的应对方法就是对已发布的软件进行调整。若采取拒不考虑用户需求的强硬方式，不仅会拖累生产力和效率，最终甚至可能导致新软件的实施颗粒无收。强迫用户使用有问题的或者不完整的软件也不是长久之计，因为用户最终将会完全抛弃该软件，组织的声誉也会受损。软件为用户而生，因此，收集用户输入并基于用户反馈作出改变，是成功的必要条件。

隐患23：提供的用户训练不足

软件所能达到的用户友好程度是有限的。为了确保用户能够正确地使用软件，并从中获取最大利益，训练用户正确使用新软件十分重要。大部分人工智能项目的用户都极有可能是分析师或行业相近的人，他们几乎对计算机科学一无所知。因此，为他们讲解如何操作工具妥当完成工作，也是当务之急。培训不仅应当包含对菜单和用户界面的简单说明，还应当完整地介绍软件，以及说明该软件将如何对用户的日常工作带来积极的影响。这个培训的过程最好不要只进行一次，而是安排几天时间，这样可以帮助用户更好地消化信息，并留给他们提问的机会。员工经过良好的培训之后，能够充分利用手里的软件工具，其工作也将更有效率，准确率更高。